专创融合教育实践探索

唐丽 耿星◎著

中国出版集团
中译出版社

图书在版编目（CIP）数据

专创融合教育实践探索 / 唐丽, 耿星著. -- 北京 : 中译出版社, 2024. 5. -- ISBN 978-7-5001-7952-8

I. G40-012

中国国家版本馆CIP数据核字第202414XZ17号

专创融合教育实践探索

ZHUANCHUANG RONGHE JIAOYU SHIJIAN TANSUO

著　　者：唐　丽　耿　星
策划编辑：于　宇
责任编辑：于　宇
文字编辑：田玉肖
营销编辑：马　萱　钟筏童
出版发行：中译出版社
地　　址：北京市西城区新街口外大街 28 号 102 号楼 4 层
电　　话：（010）68002494（编辑部）
邮　　编：100088
电子邮箱：book@ctph.com.cn
网　　址：http://www.ctph.com.cn

印　　刷：北京四海锦诚印刷技术有限公司
经　　销：新华书店
规　　格：710 mm × 1000 mm　1/16
印　　张：13
字　　数：210 千字
版　　次：2025 年 3 月第 1 版
印　　次：2025 年 3 月第 1 次

ISBN 978-7-5001-7952-8　　　定价：68.00 元

中　译　出　版　社

前　言

随着时代的发展和社会的需要，国家高度重视创新创业人才的培养。作为我国高等教育的主阵地，高职院校在推动创新创业发展战略实施、助力建设创新型国家、为国家培养高素质人才方面承担着艰巨的使命。高职院校作为创新型、复合型人才的培养基地，需要立足教育目标，协调好创新创业教育与专业教育之间的关系。创新创业教育作为一种教育理念和人才培养模式，应逐渐融入教育教学的全方位、全过程，实现专创融合。在专创融合的过程中，我们可以采用项目主导的方式。项目主导是指在学科专业领域，提取有价值的和能够解决社会现实需求的选题，通过项目开发，将其转变为具有专业基础的创新创业教育项目，再通过项目管理的流程推动，实现专创融合教育的目标。促使项目的开发成为专创融合的有效结合点，是近年来我们一直在探索的一个方向。随着专创融合探索的步步深入，我们将工匠精神、思政教育、劳动教育、中华优秀传统文化融入创新创业教育之中，使其内容更加丰富，更有利于实现人才培养目标，师资队伍建设也得到加强。

本书是创新创业教育与职业教育方向的书籍，主要探索专创融合教育的理论与实践。本书从创新创业教育与专创融合基础介绍入手，针对创新创业教育的概念与内容、高职人才培养模式的建构、专创融合的理论基础做了简要说明；接着剖析了高职院校创新创业教育课程的建设路径，从师资、平台、质量评价、实践教学四方面探讨了高职院校专创融合教育的实施方法；此外，结合当下，阐释了高职教育的改革创新及专业群建设与职业教育的国际化发展；最后基于乡村振兴背景下，对职业院校专创融合教育探索提出了一些建议，对专创融合教育的应用创新有一定的借鉴意义。

由于时间匆忙，加之作者水平有限，书中的疏漏之处还请广大读者批评指正。

作　者
2024 年 3 月

目　录

第一章　创新创业教育与专创融合基础

第一节　创新创业教育的概念与内容

当前的高职教育，更多着眼于社会劳动需求，以个体为对象，是一种以学生所在岗位的社会地位及在岗位上取得的成果为价值取向的教育。这种教育下培养的学生能够暂时适应社会的需求，但无法应对瞬息万变的社会形势。因此，大力开展创新创业教育不仅是整个社会发展的内在动力，也是高职教育改革发展的内在要求。创新创业教育对于优化高职院校创新创业教育模式，帮助学生树立创新创业思想，应对瞬息万变的社会就业形势等，具有重要的意义。

一、创新创业教育的概念与特性

（一）高职院校创新创业教育的概念

创新创业教育是以“创新”“创业”为主体的教育，但不能将其简单地理解为二者的相加，而是以对二者的研究为本，融合素质教育、职业教育等多种教育理念，科学提出的全新教育理念，是一种培养基础性和通用性才能的公共教育。创新创业教育不仅侧重于技能的提升，而且通过创新创业教育的实施来提高学生的综合素质，既包括思维方面的优化，也囊括实践方面的提升。换句话说，创新创业教育作为一种新型教育模式，培养的不仅是自主创业者，还包括以自己岗位为依托，能够实现岗位创新的“岗位创业者”，是培养懂创新、能创新及会创新的人才的教育。

学校类型的差异、受教育群体的不同，对于开展创新创业教育都会产生影响，高职院校创新创业教育作为创新创业教育的一个重要组成部分，有其独特之处。对于高职院校来说，创新创业教育是以大学生专业技术水平较高的特点为出发点，在加强专业基本理论和基本技术教育的同时，通过培养学生创新创业意识、知识、能力的系列创新教育活动，帮助学生掌握科学合理的知识结构，使学生具有创新创业的意识、开拓思维，助力学生塑造良好的品质，全面提升学生的创新创业能力。

（二）高职院校创新创业教育的特性

高职教育拥有区别于其他教育的特殊性。一是在培养目标上，具有职业定向性。高职教育旨在培养生产、服务和管理第一线的应用型高级技术人才，培养的是一岗一才的专才，具有明确的价值取向。二是在教育教学方面，强调教育教学的实践性，围绕实践组织教育教学活动，以实践为基础进行相关研究分析，同时理论学习的目的性更强，是为实践服务的。三是在教育教学过程中，高职教育具有开放性的特点，由于其人才培养目标的特殊性，高职教育不是提供一成不变的、封闭在固定体系中的“知识”教育，而是面向就业市场和岗位要求来实施的、提供一切可能的动态教育。这要求高职院校在教育中要保持开放的理念，才能促进高职教育的不断进步。四是在高职教育服务面向区域方面。高职教育的产生背景，决定了在培养过程中，要以地方发展需求为出发点来进行人才的培养。

创新创业教育是在社会大发展的背景下产生和发展起来的，不仅表达着与时代背景相契合、与社会态势相一致的教育理念，还与高职教育特殊性相契合。高职院校创新创业教育的特点主要表现在以下四个方面。

第一，高职院校创新创业教育强调创新性。高职院校培养的是技术应用型人才，技术应用型人才是社会财富的直接创造者，是社会运行过程中的具体执行者。在社会化大生产的今天，对人才的创新能力提出了新的要求，尤其是对第一线的技术应用型人才的创新能力提出了更高的要求，因此，在开展创新创业教育过程中，要注重在传统的基础上创新。在教育内容、教育方法上要求变求新，更加强调促进学生的个性化发展。学生个性的培养，不被传统的教育模式局限，这样才能培育出贴合社会发展需求的具有创新思想、创新能力的人才。

第二，高职院校创新创业教育强调实践性。高职教育属于技术应用型教育，实践性既是高职教育的特点，也是其较之其他教育类型的优势，因此，在高职院校开展创新创业教育，不仅要注重意识的创新性引导，而且要强化高职院校的实践优势。在开展创新创业教育的过程中要重视实践教学，培养学生具有将意识创新转换为行为创新的本领。

第三，高职院校创新创业教育强调开放性。创新创业教育讲求一种创新的理念，要想创新，离不开交流与合作，同时高职教育作为衔接职业教育与社会就业的纽带，必须具有开放性的特点。因此，高职院校创新创业教育要强化开放教育的理念，让教育的开展不仅仅局限在校园当中，还要使教育在更大范围内接触社会，使人才培养以社会需求为基础，以顺应社会发展现状为基础，使受教育者通过感受社会需求来提高其经受考验的能力。

第四，高职院校创新创业教育强调社会性。高职教育是源于区域经济和服务面向区域经济的教育，其与社会关系最为紧密，因此，在高职院校开展创新创业教育，要强调其社会性，要充分认识到创新创业教育是一项庞杂的社会工程，必须有全社会的参与，既包括高职院校开展创新创业教育的投入，也包含政府的支持，以及良好的社会氛围推动其发展。创新创业教育的社会性还体现开展创新创业教育对于减轻社会就业压力、促进经济发展具有其独特的现实意义。

二、创新创业教育的目标与内容

（一）创业教育的目标

创业教育的目标应是立足于对学生的理论和实践教育，提升学生的创业意识、创业精神及创业能力。具体来说，创业教育的目标应当是通过理论知识的传授，培养学生的创业意识，进而培养出他们较强的创业能力，使其具有高度的社会适应能力，并在激烈的竞争中不断发展潜力，为顺利开展创业活动、最终实现自己开创性事业的目标奠定基础。由此，在创业教育的过程中，除了讲授与创业相关的理论知识，创业教育教师还要用先进理念和实战机会锻炼培养学生的创业精神与创业技能，从而使学生能独立地立足于社会，并最终打拼出属于自己的“星光大道”。

创业教育旨在将学生培养成为具备创业知识、创业品质的公民，具有独立个性、开拓精神的社会变革参与者，部分学生通过创业教育的实践获得自主创业、自谋高职、创新致富的本领。因此，应把培养具有创业意识和能力的创业型应用人才当作创业教育的最终目标。

（二）创业教育的内容

1. 创业意识的培养

马克思主义认为，正确的意识对客观世界具有能动作用，创业意识作为一种内在驱动力，其对人的活动具有显著的指导作用，通过创业意识的教育，使学生清楚地认识到，实现自我价值的途径不仅仅是就业，自主创业也可以走出灿烂的人生道路。由此可见，要开展创业教育，首先要培养受教育者的创业意识。

意识是人的个性心理倾向，对人的发展起推动作用，作为创业素质的重要内容，创业意识主要由创业的需要、动机、兴趣和世界观构成，意识对物质具有能动作用，因此创业意识也影响着创业者的动机、态度与行为，对大学生而言，创业意识对他们的创业态度和行为影响尤其深刻，其中，使学生树立竞争意识、创新意识、诚信意识、责任意识、敬业意识与合作意识是创业教育的重要任务。在培养大学生自主创业意识的过程中，要把思想教育工作放在首位，激发他们的创业兴趣和激情，帮助学生端正创业思想，树立正确的创业意识，使他们敢于创业、乐于创业、善于创业。

2. 创业精神的培养

创业精神的培养不是一蹴而就的，高职院校在开展创业教育过程中应当着重考虑到塑造学生创业精神，使得学生能够在今后的工作中会更有参与性和创造性，使他们踏入工作岗位后能够积极面对各种艰难险阻，能够摆正心态，保持斗志昂扬的精神面貌和百折不挠的意志力。创业精神包括艰苦奋斗精神、团队合作精神、敬业精神、开拓进取精神。

艰苦奋斗是一种不畏艰难、艰苦创业、奋发图强、乐于奉献的顽强精神品质，是中华民族五千年来一直提倡的民族精神，是优良的文化传统。创业过程难免会遇到重重困难与挫折，艰苦奋斗精神是创业者应该具备的素质，当前学生从小就是整个家庭的中心，家长会包揽所有问题。创业要取得成功，就必须学会艰苦奋斗，积极应对各种困境，把创业中遇到的挫折看作铺路石，这样才能勇往直前。

团队合作精神是以尊重个人兴趣和成就为基础，以协作为精神核心，它所倡导的是全体成员具备一致的凝聚力，体现出个人利益和集体利益的统一，从而促进团队的高效运行。

敬业精神是对某件事情或者职业的热爱而由此产生的全身心投入的状态，是对工作的一种道德要求，其本质是无私奉献。敬业精神体现的是个体在职业领域能够树立主人翁精神，具备高度事业心和责任感，是一种崇高的职业道德，其中培养的是认真踏实、精益求精的工作作风和积极向上的劳动态度，把对工作的付出看作无上光荣，并能够自觉抵制落后的思想，以正确的人生观和价值观指导自己的职业行为。

开拓进取精神是一种积极向上的、立志成功的状态。“进取”是怀揣理想，从细微之处出发，立足本职工作，认真做好手中的事，精益求精，从而实现自我价值。创业活动不是一成不变的，它需要根据市场形势不断突破，尝试通过运用各种方法来不断推进创业活动的开展，从而实现人生价值。高职院校进行创业教育，就要鼓励学生敢于突破现状，摆脱传统的思想观念，超越现实。培养学生的开拓进取精神，就要教会学生学会在实践中把握机会、积极争取、自主创业、敢于创业，学会发展自我、挑战自我、拼搏进取、挑战困难、勇往直前。

3. 创业品质的熏陶

品质对于人的心理和行为起重要调节作用，是在先天因素和后天社会实践的研究基础上形成的个性心理特征。在创业实践活动中，创业品质包括独立性、克制性、坚韧性和创造性。

独立性。独立性指的是能够独立思考并独立处理各种困难。创业活动是实践性很高的活动，创业者必须有自己独立的想法，不能亦步亦趋，只有这样才能不被环境左右，做到真正意义上的创新。

克制性。创业活动需要不畏艰难困苦，能够努力调节自己的不良情绪，时刻保持清醒的头脑，切勿过于冲动。创业活动总是在成功和失败之间盘旋，果断是创业者应有的品质，但凡事都要限定在一定范围内，超越一定程度的果断就会成为武断，因此创业者必须调整好自己的心态，当前的成功或失败不能预见未来，不能盲目膨胀，也不能一蹶不振。

坚韧性。坚韧性通常指为达到某一目标不屈不挠，能够始终坚持自我，面对困难挫折、不公乃至冷遇都能积极应对的心理品质，是创业者难能可贵的品质。创业初期，困难和挫折都是难免的，有坚韧性品质的创业者，在困难面前不会轻易动摇，会始终朝着既定的目标行动。通过培养坚韧性品质，正确引导学生面对困难，树立创业自信心，在创业的征程中，把困难看成垫脚石，坚韧不拔地努力才有可能实现自己的奋斗目标。

创造性。创造性指个体所产生的独特的、有社会价值东西的能力。独特意味着能认真钻研并做出别人未做过的事，有社会价值意味着创造的东西具有实用价值或道德价值等。创造性以创造性思维能力为核心，创造性思维又以辐合思维为核心。

4. 创业能力的训练

创业能力是决定创业成功与否的关键，体现着一个人的综合素质。创业能力主要包含以下四个方面。一是领导能力。创业者作为自己的受雇者，同时也是自己企业的领导者，需要带领团队，高效率地做出重大决定，对所处的环境进行缜密的思考与打算，扮演的是一个领航者的角色。二是协调能力。成功的创业者不仅要领导好自己的团队，还需要搞好内部团结，处理好与同事、合作者的人际关系，为创业活动建立良好的创业环境，为创业的成功打下坚实的基础。三是学习能力。正所谓活到老，学到老，创业者只有不断学习才能获取最新知识，才能在激烈的竞争中不被社会淘汰。学习的能力包括获取知识的能力和转化应用知识的能力。四是创新能力。当前我国提出的发展理念，其创新居于首位，可见创新在推动国家经济发展中具有重要作用。创新是历史进步的动力、时代发展的关键，为紧跟时代的脚步，不被时代淘汰，创业者必须具备创新的能力，立足于实践，不仅要在管理上创新，还要在技术决策上创新。创业教育不仅强调创业精神、创业意识，更重要的是要将这些理念融入创业实践中，在实践中实现人生价值。

三、创新创业教育的必要性与可行性

创业是创业者通过努力优化整合所拥有的资源，在具体的创业实践中充分发挥创造力和想象力，培养创新精神，努力克服各种困难、挫折，创造出更多经济或社会价值的过程。它是每个人都应具备的关键能力。目前国家无论在场地设备还是资金方面，都大力支持包括高职院校在内的各大高等院校进行创业教育。从当前的研究现状看，大多数学者认为有必要对高职院校的创业教育进行深入研究，虽然高职院校是高等院校教育的重要阵地，因其与其他类别院校在人才培养的目标设置上不同，不能简单套用一般院校的创业教育经验。高职院校创业教育主要是培养创业型应用人才，重视实际操作能力的培养，旨在岗位培养创业人才，而一般院校更注重理论的应用。

（一）高职院校开展创业教育的必要性

高职院校开展创业教育是素质教育的进一步深化。创业教育在内容上涵盖健康的心理素质、创业意识、创新能力、合作精神、创业品质的培养，从而提高学生的创业素质。高职院校开展创业教育不仅可以培养敬业精神、创新能力、学科知识、教师技能等，还可以促进在知识、技能、能力、人格等各个方面的提升，助推大学生综合素质的整体发展，使学生能够挖掘并发挥自身优势，在未来岗位中融入所掌握的创业思想和创业，从而造就一大批具有开创能力和高素质的人才队伍。

1. 缓解严峻就业形势的要求

从目前中国的就业市场上看，企业、公职单位的人才招聘都明文设定了学历门槛，除此之外，当前社会各界也对高职院校的教学质量存在疑问，归结起来，相对于普通本科院校，大部分高职院校的毕业生就业压力非常大。高职院校学生没有过多地接触社会，因此需要通过学校的创业教育来实现该教育手段和教育方式。由此可以看出，学校的创业教育，包括创业意识、创业精神和创业品质的教育对于引导学生形成良好的就业价值观有着重要的责任。随着我国新常态经济的发展，产业形态亟须升级。在如此严峻的就业形势下，培养创业型应用人才可缓解大学生就业压力，高职院校更应从学生特点出发，利用自身条件努力推进创业教育。

2. 提高高职院校核心竞争力的要求

21 世纪，国与国的较量是人才与科技的竞争，可以预测，在未来高职院校的竞争中，学生的创业精神、创新能力、创业品质将成为提高各高职院校核心竞争力的重要指标，因此，高职院校在发展过程中，找准自己的定位和目标，准确地把握高职院校在教育环境中的位置，才能突出自身优势，办出特色，提升综合竞争水平。高职院校学生的素质教育与创业教育倡导的内容基本一致，高职院校通过推行创业教育养成学生良好习惯，拓展学生思维，不断提高学生的实践能力，为我国高职院校实行开创性发展、提升竞争力提供了方向性指导。

3. 提高高职大学生综合能力、提升自我竞争力的要求

当前，我国正处于经济结构转型期，社会需要高新技术产业，大部分落后产业将逐渐被社会淘汰，因此导致就业机会减少，下岗人员数量呈增长趋势。随着我国高等教育的深入改革，各大院校开始扩招，这将为社会提供大量劳动力。由于就业岗位的减少，每年都会涌现大批待业的毕业生，而高职毕业生也在这个群体中，因为学历层次低，其就业难度比一般本科院校的大学生更大，因此，当前国家提倡大力支持鼓励大学生群体创业，大学生作为社会主义的接班人，其独特的个性和潜在的创新能力是他们的优势所在。创业带动就业，可以产生大量工作机会，从而缓解我国严峻的就业压力。同时，随着经济的不断发展，电子商务悄然兴起，旧有的知识体系已无法适应当前教育市场竞争的需求，这就要求不仅要加强专业知识的学习，还应把握时代要求，具备创新能力、整合教育资源等综合素质。

（二）高职院校开展创业教育的可行性

1. 高职院校实施创业教育的内部因素

首先，明显的职业技能优势及较强的创业意志是高职院校学生独有的自身优势。

第一，高职院校学生大多成绩不理想，在以成绩论能力的中小学时代并不突

出，在学业知识方面不及普通本科生表现优越。高职教育与普通本科教育不同，高职教育更注重培养学生具备必要的理论知识和较强的实践能力，培养技能型人才。因大多在教育过程中掌握各自细分专业的相关技能相对高于普通本科院校，大部分大学生的实际操作能力会更强，与理论方面的知识相比，他们对实际操作更感兴趣，也更愿意投身到有关实践能力培养的教育中。创业教育的目标是培养学生的开拓进取精神，并使他们成为自己工作岗位的创造者。高职院校所教授的内容贴近现实，更容易被学生接受，有助于充分激发学生的学习动机，高职院校的实践性特征与创业教育理念不谋而合。

第二，高职院校的毕业生多数是直接走向社会，谋求一份稳定职业。一般来说，因为高职院校学生的学习成绩低于本科生，导致人们认为他们的综合素质低于本科生、研究生，高职院校学生的社会地位普遍较低，因此，提升创业型的综合素质必然成为缓解他们就业压力的诉求。

第三，高职院校的人才培养模式主要是校企合作、产学结合的形式，校内外实训、毕业实习，各个环节贯穿于高职教育的始终。在生产实践过程中，学生大多是进入工厂展开实习活动，工作条件较为艰苦，大学生在辛苦的实践活动中不断培养出抗挫折能力及艰苦奋斗的品质，这些都将成为开展创业教育的宝贵财富。

其次，高职教育与创业教育在运行模式上具有一定的相似性。

第一，创业教育和高职教育在一定程度上作为一种新型的教育形式，二者在培养目标、内容、性质等方面具有共通性。

高职教育是高等教育一个很重要的组成部分，它肩负着培养技术型、应用型人才的责任。高职教育的培养目标随着经济的发展不断发生着变化，一方面，需要培养各行业的专业型人才；另一方面，将培养具有综合素质和能力的综合型人才作为教育重点。创业教育注重培养学生的实践能力，要求学生要结合社会现状规划统筹，以此来提高学生的综合能力品质。两种教育的融合合情合理。

第二，高职院校的师资呈现“双师型”特征，与创业教育对师资的要求具有共通性。影响教育成效的关键是教育者能否拥有扎实的理论功底，以及满足受教育者多样化需求的教学方式，高职院校创业教育要取得实际成效，就必须在教师专业素质和水平上下功夫。与一般本科院校相比，高职院校因其职业教育的理念，要求配备具有一定实践能力的师资队伍，他们不仅从事具体的实践活动，也拥有扎实的理论知识，同时建立专兼职的教师队伍，这些为创业教育的开展提供了强有力的支持。

2. 高职院校开展创业教育的外部条件

第一，21 世纪新经济的发展为高职院校推进创业教育的发展提供动力。随着我国经济发展水平的不断提高，21 世纪的竞争将是以人才培养和科技进步为指标的综合国力的较量，在如此激烈的竞争中，我国只有努力把握时代机遇，大力发展生产力，创造性地在科技领域培养创新人才，培养他们的创业意识和能力，转廉价劳动力为高素质、高水平的人才资源，转制造大国为创业强国，落实创新驱动发展战略，才能使我国从发展中国家的位置中跻身中等发达国家之列，为此，国家就要大力培养一批具有广博知识、开阔视野、开拓创新精神的创业者，以创业促就业，带动民族经济的发展。

创业是建设中国特色社会主义事业的应有之义，符合社会发展要求。当前国家的创新驱动发展战略就需要社会造就出一批优秀的创业应用型人才。现代社会对创业型人才的迫切需要，这就要从培养人才的摇篮出发，从具体的学校教育出发，大力推进创业教育的有效开展，培养出各行各业的创业型应用人才，提高高新技术成果转化率，通过辐射作用，带动传统产业的发展，推动国民经济的发展，提高我国的综合国力。

第二，政府的大力支持为高职院校更好地开展创业教育提供了保障。近年来，中央下发了许多大学生创业的政策，无论是简化手续还是增加政府资金投入，都是在为大学生扫除创业征途中的障碍，使广大学生更好地投入创业之路，在利好环境下，高职院校要把握机遇，切实推进创业教育的顺利开展，提升大学生的整体素质。

第二节　高职人才培养模式的建构

虽然目前高职教育规模不断扩大，办学模式趋向多元化，但人才培养目标和人才培养模式依然不够完善，人才培养质量很难保证，这既影响高职教育的可持续发展，也会制约经济与社会的发展。适应形势变化，确立与社会需求相适应的高职人才培养目标，构建创新的高职人才培养模式是社会发展对高职教育发展的必然要求，也是高职教育发展的生命力所在。

一、高职人才培养模式构建基本原理

根据高等职业教育与社会发展相互适应的理论可以知道，高等职业教育对社会发展的适应是全方位的；同时，高等职业教育对社会发展的适应，更应着眼于未来。教育效果发生的长期性及持久性，对高等职业教育社会发展的远见性而非短期性的适应提出了更高的需求。因此，依据高等职业教育与社会发展相互适应的理论，结合中外人才培养模式的研究成果，教育者在创新构建高职人才培养模式时，认为创新创业的高职人才培养模式的人才培养目标是与我国社会主义现代化建设要求相适应的，即以社会、经济现实和未来发展趋向需求为导向的直接从事生产、建设、管理、服务第一线工作的高级技术应用型专门人才，这种人才是主要从事成熟理论与技术的应用和操作的高级技术与管理人员，他们在具有必备的基础理论知识和专业知识的基础上，有善于解决工程复杂问题的能力，有重点掌握从事本专业领域实际工作的基本素质和基本技能，具有良好的职业道德和敬业精神。要达到这一目标，就必须为受教育者构建新的知识、能力、素质结构。

（一）知识结构的构建

大学生的知识结构是不同内容、不同形式的知识在学生认知结构中所积淀的层次与比例的关系。知识结构是衡量人才培养质量的主要尺度之一。从当前的情况看，知识的基础化、综合化是构建大学生知识结构的目标。

1. 知识基础化

知识基础化就是要把知识结构的重心放在基础知识、基本原理上。加强基础是应对多变社会环境的一种重要策略。基础知识是本源性知识，抓住了事物的共性，可以举一反三。一个人只有在工作和生活中凭借其在学生阶段获得的基础与自学能力，不断扩展自己的知识面，优化、更新自己的知识，才可能适应社会。

高职教育既要重基础，也要重专业，二者比例要适度。

2. 知识综合化

综合不是简单的叠加，而是一种整合，使学科之间相互渗透，形成整体性概念真正起到的效果。一是在高新技术的教学应用实践中体会知识综合化的魅力，使学生学会用综合化知识解决专业性、技术性问题。二是注意人文教育和科学教育的渗透与迁移。要在科学教育中渗透人文思想，促进人文教育与科学教育的自然融合。

（二）能力结构的构建

能力是指保证一个人顺利进行实际活动的稳固的心理特征和知识技能的综合能力，与心理活动的特征有关。大学生的能力目前比较一致的看法是由以下四部分组成，即获取知识的能力、运用知识的能力、创造能力和职业能力。

1. 获取知识能力的培养

在获取知识能力的培养方面，提倡教师主导与学生自觉并重，充分发挥学生学习的主动性、能动性。在课程设置上，要以学习者为中心，在教学中充分体现教师主导和学生主体作用，使学生实现从学会到会学的飞跃。同时要在学习中构建整体知识网络，注重知识的形成过程和知识的实用价值。这样有助于为学生的不断发展和终身学习打下基础。

2. 运用知识能力的培养

运用知识的能力指人在社会实践活动中运用所学到的知识去分析问题和解决问题的能力，特别是由此迁移到其他情景中分析、解决问题的能力。运用知识的能力与学习知识能力的核心都是思维，但运用知识的能力偏重于活动，体现智力与能力的结合。培养运用知识能力的关键，是让大学生参加实践活动，真正发挥实践教学的功能。要针对专业特点、职业特点、技术特点、岗位特点开展实践活动，让学生用基础理论、基础知识指导实践，从实践中深化对知识的理解，实现知识与能力的融合。

3. 创造能力的培养

高等职业教育既重视向学生传授知识、技术，又重视学生职业素质、职业能力的培养，强调发展学生的个性和挖掘学生的创造潜能，鼓励学生标新立异；同时，它强调企业、社会的参与，这样有利于学生创新意识与创造能力的培养。要培养大学生的创造能力，重要的是开展主体性教育和个性教育，鼓励学生以发展的观点看问题，敢于突破常规和定式。目前应建立起以能力考核为主、常规测试与技能测试相结合的制度，重点考核学生运用知识解决问题的能力。同时，加强科研实训基地建设，引进新设备、新机器、新技术，开放实验室，营造创新氛围。

4. 职业能力的培养

职业能力是指个体履行岗位的职业、承担本职工作、完成各项任务的能力。目前，我国企业职工队伍里初中文化程度的占多数，虽有人力成本优势，但产品服务的技术含量低，产品服务的竞争能力弱，限制了劳动生产力的提高。因此，高职教育在培养人才时，必须创设职业岗位环境，对学生进行职业道德、职业素养、职业技能等方面的教育，使学生毕业后能及时进入角色。

（三）素质结构的构建

素质结构按不同方法可划分不同的单元，人的素质可划分为社会素质、自然素质和心理素质三种。高职教育培养的是社会需要的一线人才，大学生素质结构除了不易改变的先天自然素质之外，主要培养社会素质和心理素质。

1. 社会素质的培养

社会素质属后天素质，它在素质结构中起到调节作用。它一方面要以生理素质、心理素质为基础，另一方面又给这两种素质打上一定的社会烙印。它既引导个体做人，也引导个体成才。内化是社会素质形成的重要机制，它指个体从外部获得道德和知识，通过内省与吸收成为自我的一部分，使人形成一种好的涵养、好的气质，使个体的人成为社会的人。高职教育在培养学生的社会素质时，要充分发挥正面教育的作用，多树立正面的典型，使学生向正面典型看齐，要注意纠正学生在专业课程与公共课程中的不合理倾向，避免因这种倾向造成知识的偏差。

2. 心理素质的培养

心理素质是人的所有素质中最容易产生危机的一部分。人的心理素质一旦潜藏危机，就会对个体的发展产生影响，甚至造成难以预料的后果。在国内由于高职教育开展的时间不长，社会的认可度不高，大学生中的一部分人难免存在一些心理问题。因此，教师在培养学生的心理素质方面更应该加大力度。一要培养学生成就动机，使学生懂得人人都可能成功；二要创造运用良好的氛围，促使学生构造积极、适当的自我意象，引导学生正确认识自我，找准定位，不断创造自我；三要培养学生情绪控制能力，实行以性格培养性格，用情感培育情感，以情绪感染情绪，用情操唤起情操。

知识、能力、素质的划分是相对的，知识不经内化不能形成素质，内化了的知识不经运用，也不可能形成能力。高职教育应根据专业需求的不同，在基础课和专业课、专业理论教学体系与实践教学体系的安排上确定不同的比例，做到从实际出发，灵活多样。总之，高职创新创业教育需要随时代的发展而不断发展，在实践中不断完善。

二、人才培养模式创新的构建

构建新的人才培养模式就是怎样实现新的高职人才培养目标。即实现其知识、能力、素质结构要求的方式。因此，人才培养模式构建与专业设置、教学方式、课程体系、教师队伍以及实践形式等紧密相关，通过这些途径落实“以人为本”的教育理念，建立“能力核心”的培养模式，使高职院校能创建全面发展的人文环境，以期达到学生素质的全面提升。

根据新时期对高职人才的素质要求和国内外高职人才培养模式的现状，新的人才培养模式概括为“两线并重、四位一体”的外向复合应用型人才培养模式。“两线并重”即理论教学与实践教学并重；“四位一体”即专业设置模式、教学模式、教师培养模式及实践模式要实现有机结合、整体统一。

（一）专业设置构建以就业为导向

高职教育能否满足社会需求，一方面体现在其培养目标是否与社会经济的发展对人才素质的要求相一致；另一方面则体现在其专业设置是否与生产结构的经济发展变化相适应，也就是要建立专业结构与产业结构相适应的专业设置模式。

专业结构是国家现实经济的反映，是与一定历史时期的经济发展和产业结构相联系的，它直接或间接地反映了经济和社会发展的需要及经济结构的特点。专业结构是否同经济和社会发展相适应，是衡量专业结构是否合理的根本标准。同时“专业能力”是大学生能力的一个很重要的方面，高职院校设置的专业，符合本地区产业发展的需要，培养对口的人才，就会得到用人单位的欢迎与支持，从而推动本地经济的发展。高职院校要较好地为本地区经济建设服务，面向市场办学，必须了解本地区经济发展的产业结构状况及需求。也就是要了解本地区经济发展都有哪些产业部门和它的隶属关系。如第一产业都有哪些门类，第二、第三产业又有哪些门类，哪些是劣势次要产业，并在这些基础上做好人才需求预测，同时，还必须以科学发展观，即发展的、动态的、变化的观点探讨本地区产业结构未来发展变化的趋势。明确哪些是本地区发展并大有前途的产业，哪些是本地区逐渐将被淘汰的产业，哪些是将随着科学技术的进步和生产力的发展，必然要兴起的产业。

高职院校应该不断调整服务方向，优化专业结构，增加社会急需的新专业，改变就业形势不好的旧专业，取消没有就业市场的老专业，使新旧专业相辅相成，合理搭配。专业设置要考虑学校本身办学条件，如现有的师资、设备及原有的办学专业基础。专业设置数量要适当，既要避免专业过多分散，影响培养实用型人才的质量和增加就业的压力，又要注意专业数量不能太少，学科设置单一，影响办学的经济效益。专业设置要随着时代的需求不断改变，要与科技、经济、社会的发展相适应。

（二）教学模式改革以培养学生职业能力为宗旨

教学模式特指反映特定教学理论逻辑的、为完成某种教学任务而采用的相对稳定而具体的教学活动结构。利用某一种模式，人们可以将教学活动或过程分解为某些关键调控教学活动的一整套方法体系。教学模式是教学理论与教学实践的中间环节。它通过简化、微缩的组成要素规定和调控教学活动。

根据建构主义教学理论的兴起与发展，对改革高职教学模式的指导意义有以下两个方面。

第一，在教学中要充分发挥学生学习的自主性。由于学生是学习的主体，课堂教学不能采用简单的灌输方法，而要让学生主动地接受新知识。教师应尽量引导学生进行探究主动学习，即主动发现问题，主动收集、分析有关信息和资料。

第二，在教学中要多开展情境教学。职业教育是手脑并用的应用教育，既要培养学生的理论水平，又要培养学生的动手能力。根据各专业的特点开展情境教学，是培养学生职业能力的一种重要手段。在设计高职教学模式时，要注重教学过程的情境性，通过在一个情境中运用和操纵信息来培养现实中要运用的技能。

教学设计应以学生为中心，以培养职业能力为宗旨。具体而言，这个过程包括如下三个部分：首先，了解相关行业的基本情况，主要包括本行业的一些宏观背景及行业内企业的数量和规模、生产技术水平、对第一线技术人才和管理人才的需求等；其次，根据“有效需求”原则，进一步分析相关职业岗位的实际需求与分布情况，把专业培养目标分解细化，以便该专业的学生有选择地确定能完成哪些具体岗位工作；最后，进行有关的职业综合能力的分析与分解。职业综合能力主要由专业能力、方法能力和社会能力三项基本要素构成。对有关专业或专业方向进行职业综合能力的分析与分解，是高职专业教学设计中最重要、最具特色的一项工作。

（三）实践模式满足以职业资格证书为就业准入制度

职业资格证书制度是国际上通行的一种对技术技能人才的资格进行认证的重要制度，是我国确定的一项旨在全面提高劳动者素质的重要政策，是发展劳动力市场、促进职业培训和实现就业的重要手段，它是指按照国家制定的职业标准，通过政府认定的考核鉴定机构，对劳动者的职业能力水平进行客观公正、科学规范的评价和鉴定，对合格者授予相应的国家职业资格证书。

国家职业资格证书分为初级五级、中级四级、高级三级、技师二级、高级技师一级。职业资格证书和职业技能鉴定是以国家职业分类为基础。

所谓就业准入，是指根据法律有关规定，对从事技术复杂、通用性广及涉及国家财产、人民生命安全和消费者利益职业的劳动者，必须经过培训，并取得职业资格证书后，方可上岗就业。

为使高职教育培养的毕业生满足就业准入制度的要求，必须构建出新的教育模式。

首先，建立并优化教学体系。一是构建实践教学体系的目标体系，明确目标，抓住关键，落实保障措施。二是建立一个由基础课实验和基本工艺训练、专业课实验和课程设计、跟岗实训和毕业设计、课外活动和社会实践等组成的较完整的梯次递进的实践教学体系。三是以技术应用能力培养为目标改革实训教学环节，对实验较多的课程单独设置实验课，独立考核，减少演示性、验证性实验，增加工艺性、设计性、综合性实验，加强职业技能训练，在实习现场营造真实的现场工作氛围。

其次，根据“培养应用能力，满足就业需求”的原则，探索产学研合作教育的途径。一是建立由校内专家和企事业单位的工程技术人员组成的专业委员会。专业委员会成员参与学校专业设置的论证、人才培养计划的制订、课程内容的确定等工作，保证人才培养规格适应工作岗位的要求。二是建立一批校外实践教学基地，学校选择一批设备工艺先进、管理水平高、适合学生动手操作、有利于发挥学生创造力的企业，注入一部分资金，作为学校的实践基地。三是经常组织学生到实践教学基地进行认知学习、课程设计和毕业实习。在校外实践教学基地实习期间，聘请现场技术人员担任兼职教师，使学生有机会进入生产实际领域，获得真正的职业训练和工作体验。

最后，建立校内专业技能鉴定场所，提高学生技能鉴定通过率。具有设备、场所和技术等方面优势的高等职业学院可以在国家职业标准的统一指导下，在职业技能鉴定社会化管理体制的指导下，建立职业技能鉴定场所，开发相应的标准、教材、题库、考试技术及教务管理技术，使其成为先进的职业培训模式、鉴定方法和考试技术的实验中心，成为职业资格证书制度的示范窗口。这样既可以提高学生技能鉴定的通过率，又可以补充更新学校的实习、实训设备，使学生在充足的设备条件下学习技能，接受鉴定。

（四）构建“双师型”教师培养模式

师资水平是保证教育质量的关键，只有建立一支有特色的高等职业教育的师资队伍，才可能办出有特色的高等职业教育。要培养具备较高素质的人才，教师必须具备更高的职业道德和素质。要培养学生的专业实践能力，教师本身必须具有较强的专业实践能力。能力本位的培养模式要求教师具备更高的素质和能力，具有较强的创业能力和创新意识，在相应的学术领域获得创造性的成就，只有建立素质高、能力强、以“双师型”教师为主导的师资队伍，才能在教学过程中激发学生的创新意识，塑造学生的创业能力。

抓好“双师型”教师的培养，应该重视以下三条途径。

一是培养自己的“双师型”教师队伍。加强教师专业理论水平和实践能力的培养，鼓励教师进修，培养其终身学习的观念。

二是建立高等职业教育师资培养基地，进行系统的高等职业教育的师资队伍的培训。为增强未来高等职业教育师资的专业实践能力，要鼓励他们参加技能鉴定，获取一定等级的专业资格证书，以提升教师的实践技能。

三是规范兼职教师的聘任条例。从校外聘任一批既具有一定的本专业理论知识又具有丰富的实践经验的职业技能兼职教师，使他们通过专业理论及教育理论的培养和考试，取得兼任高职教育教师的资格。发展、规范兼职教师队伍是我国高等职业教育未来发展的必由之路。高等职业教育办学的灵活性决定了学校不可能也没有必要面面俱到地建立一支庞大的专职教师队伍，否则，随着专业适应社会需要的调整，势必造成人力、财力的极大浪费。

第三节　专创融合的理论基础

一、专业教育概述

从教育学的意义来看，专业是学科与市场相连接的产物，学科中的系统知识与市场需求在专业中实现双向转变。

从广义上讲，专业教育，即各类学校依据国家有关部门制定、发布的专业目录，对各类人才进行的专门培养教育，以此为学生未来的职业发展奠定坚实的专业理论与技能基础。学校以培养专业人才为目的，进行专门的职业教育，使学生能掌握充足的专业知识，具备较强的专业技能，在未来更好地融入职业生涯。

从狭义上讲，专业教育是指在专业学校进行的培养各级各类专业人才的教育，在掌握“基本知识、基本理论、基本技能”的基础上，培养学生“会学、善学与乐学、专业基础扎实和实践能力强”，为未来的职业做充分的准备。

专业教育不仅有利于学生进行系统的学习、掌握关于专业领域的基础知识，而且有利于培养学生运用专业技能和方法的能力，让学生形成有关本专业的自己的一套体系，在实际中能够灵活应用。在高等教育不断更新发展的趋势下，专业教育理念转变为：在“基本知识、基本理论、基本技能”的基础上，培养学生“会学、善学、乐学”，不断提高专业教育质量，提升学生的竞争力。可以说，专业教育是高等教育教学活动的核心环节，是学生成长成才的坚实基础。

二、创新创业创造教育与专业教育的关系

现有的对创新创业创造教育与专业教育的关系研究，多是从两者之间的作用与影响的角度进行分析。将两者置于更为细致的角度进行比较，透视两者之间的关系，并在此基础上正确认识两者的融合。

创新创业创造教育与专业教育存在许多区别，但也存在特定的联系。两者各有长处，也有短板，但都是高等教育中不可或缺、不可替代的组成部分。因此，两者相互融合，在彰显各自优点的同时，也能相互作用、相互影响，实现两者的共同发展。两者融合对人才培养质量的提升大有裨益，推进两者融合势在必行。

在高职院校开展创新创业创造教育与专业教育的融合，是要在专业领域内，使学生获得必要的专业知识与技能，同时在教学中培养学生的创新意识、创新实践能力、创业素质、创造能力，其中创新意识的培养是重点。

在中国特色社会主义新时代社会经济发展的背景下，培养具有创新精神、创业意识和创新创业创造能力的创新型人才，是高等职业院校当前的一个重要使

命。而在高等职业院校开展创新创业创造教育，是对高等职业院校人才培养模式的新探索，要体现全员参与，是贯穿教育教学全过程的教育理念。

基于现阶段创新创业创造教育与专业教育融合的大趋势，厘清二者在职业教育过程中所属的“文化地带”，重释二者的基本关系，是一个不容忽视的前提。高职院校在开展创新创业创造教育过程中，应以专业教育为基础，围绕培养学生的综合素质为价值取向，正确引导学生对创新创业创造教育的全面认识。在教育教学中，积极探索创新创业创造教育的模式和途径，加强创新创业创造教育和专业教育的相互渗透与交融，促进二者的有机深度融合，并通过社会文化知识的熏陶，开阔学生的视野，提升其综合素质。创新创业创造教育与专业教育深度融合不仅是势所必然，而且有其特定的理论基础。

三、创新创业创造教育与专业教育的有机融合的重要性

作为一门新兴学科，创新创业创造教育不仅是提升学生综合素质的重要途径，更是深化高等职业教育综合改革的关键点。然而，有一些高职院校的创新创业创造教育开展形式比较单一，简单地照搬传统的教学理念、教学模式和教学方法。高职院校在实施创新创业创造教育的过程中，往往由于忽视创新创业创造教育本身的实践性比较强的特点，使其与专业课程教育之间的矛盾未能得到有效协调，致使创新创业创造教育与专业教育的边界过于清晰，二者都是“独在”的状态，忽视了彼此间的亲缘关系。正是因为二者没有结合，因此影响了创新创业创造教育的效果，体现为创业成功率低、低端创业（无专业能力含量的创业）等问题。

同时，实现二者的有机融合是高等职业教育人才培养模式改革的必然选择，也是提升就业率、降低毕业生失业率的现实需求。

因此，为了提升人才培养质量和提高创新创业创造教育的实效，高职院校需要进一步加大改革力度，使其与专业教育有机深度融合。

专业教育和创新创业创造教育作为高职院校的两个有机组成部分，二者相辅相成，缺一不可。虽然在教学内容、教学模式上创新创业创造教育与专业教育有所不同，但二者的教育目的是一致的，都是为了培养出适应经济发展所需的高素

质人才。二者之间关联紧密，创新创业创造教育并不能与专业教育脱离，而是应依赖于专业教育。二者水乳交融，相互补充。只有在专业教育的支撑下，创新创业创造教育的开展才会更加顺利。所以，对于高职院校而言，必须按照人才培养的目标定位，以及创新创业创造教育的目标要求，探索有利于专业教育与创新创业创造教育相融合的路径，通过对专业课程的合理设置调整，寻求到专业课程的创新创业创造教育资源，进而在教师讲解专业知识的过程中，潜移默化地渗透创新创业创造知识，提升学生的综合能力。

专业教育与创新创业创造教育之间相互作用，相互促进，前者是后者发展的基础，后者又对前者的改革与完善具有重要的推动作用，两者相辅相成，相互补充。

因此，在教育教学过程中，努力实现二者的有机融合，为培养高职生开拓精神和批判性思维、提升高职生的实践能力和创新创业创造能力提供有利环境，同时也为高职院校创新人才培养模式提供强大的动力。

四、创新创业创造教育和专业教育有机融合的必要性与可行性

近年来，我国高等职业教育事业获得长足发展，培养了大批高素质技能型人才，其中专业教育发挥了重要作用。但是，当前进入了新时代，经济发展也进入了新阶段，对高等职业教育改革提出了新的要求，传统专业教育中应用的教育思想、观念、教学方法，甚至教学内容均难以满足当下新时代社会主义市场经济对于高职生就业素质及创新创业创造素质的实际要求。因此，将创新创业创造教育作为高等职业教育突破口，对高等职业教育改革进行深化，在专业教育中融入创新创业创造教育，培养出既掌握一定专业理论知识，又具有实践能力和创新创业创造能力的高素质创新型人才，就成为高职院校的新使命。

（一）“三创”教育与专业教育有机融合的必要性：融合的理论前提

创新创业创造教育与专业教育的紧密结合是绝大多数从事创新创业创造教育教学、研究与实践学者的普遍共识，但当前存在理论与实践的严重背离。在推进创新创业创造教育改革过程中，部分高职院校仍停留在为落实文件而开展创新创

业创造工作的状态，创新创业创造教育与人才培养方案没有很好地融合，与专业教育仍然是“两张皮”。尽管很多高职院校尝试将创新创业创造教育融入日常教学中，但因课程设置、教学内容、师资数量和师资结构等原因，专业教育和创新创业创造教育仍然处于“疏离”的现状。

1. 高职院校人才培养模式改革的必然选择

随着高等职业教育迈入类型教育，实现创新创业创造教育与专业教育的融合，不仅有利于高职院校强化自身内涵建设，同时也有利于教育教学质量的提升。

然而，目前我国高等职业教育依然实施的是以培养学生专业知识与技能为主的教育活动，忽视对学生创新精神、创造力与想象力的培养。但随着近几年创新创业创造教育的逐渐普及与推广，高职院校在人才培养中已取得了一定的成效，尤其是在提升学生就业率、指导学生创新创业等方面发挥了重要作用。但由于受课程设置、教学内容、师资配备等多方面的影响，在专业教学中，还没能很好地融入创新创业创造知识。实践证明，二者的有机融合既是提升学生综合素质的重要举措，更是高职院校人才培养模式改革的重要抓手。因此，高职院校应转变传统单一的“重理论轻实践”的教学理念，以社会需求为目的，创新人才培养模式，积极调整课程设置，充分有效地将创新创业创造教育的创新能力、创造能力、实践能力的培养融入专业教育中，使二者“有机融合”，进一步提高学生的创新与实践能力，促进大学生全面发展。

2. 高职院校创新创业创造教育科学发展的必然需求

高职院校实施创新创业创造教育的过程中，应以专业教育为支撑，以培养学生的创新精神、创业意识与创造潜能为导向，激发学生的创新创业能量和创业激情，使学生的个性发展与未来职业相协调，促进学生的全面成长。而对学生创造潜能、创新思维的培养，必须充分考虑到学生的专业背景、知识技能和个性特点等。例如，市场营销专业教师在教学中可以适当讲解一些创业典型、创业者组织能力、企业家精神等相关内容，引导学生从所学的专业理论知识出发，促进学生对创业的了解。学生具备扎实的专业理论知识是有效实施创新创业创造教育的基础，创新创业创造教育不能脱离专业教育而单独运行，脱离专业教育给学生讲创新创业创造会显得单薄而无力。

（二）创新创业创造教育与专业教育有机融合的可行性：融合的客观基础

作为大众创业、万众创新的生力军，大学生不仅要学习和掌握扎实的专业理论知识，还要有分析问题和解决问题的实践能力，由此可见，专业教育和创新创业创造教育是不矛盾的。实现二者的有机融合，有利于创新创业创造教育的深入推进，更有利于专业教育水平的提高。

1. 有利于专业教育水平的提高

教育，是一个国家发展的动力所在。目前，我国将创新创业创造教育作为高等职业教育改革的方向，能够帮助学生实现从理论到实践的转化，促进学生将专业理论知识运用到实践中，并提升其实践的能力与素质。作为通识教育的一种形式，创新创业创造教育有益于改变传统单一的专业教育模式。

实现创新创业创造教育与专业教育的有机融合，使专业教育超越了传统的高职教育模式，既培养了学生掌握相关的专业知识，同时也使学生将理论知识应用于具体实践。因此，通过与创新创业创造教育的有机融合，进一步丰富专业教育的理念、定位，提高教育教学质量，培养出更多的创新创业创造型高素质人才。

2. 有利于创新创业创造教育的深入推进

创新创业创造教育是一项长期的“系统工程”，既不能一蹴而就，更不能无的放矢。高职院校推进创新创业创造教育既是促进经济社会转型发展的外在表现，也是深化高等职业教育改革的内在需求，其根本目的是针对学生的开拓精神和实践能力的培养，提升高职教育教学质量。然而，目前我国高职院校开展的创新创业创造教育具有普适性特点，所有专业的学生接受的“三创”教育模式具有同一性或相似性，忽视了专业性对创新创业创造教育的影响，使二者仍然处于“两张皮”，无法达到学生获取多元创新创业创造知识的愿望。学生所学的专业基本决定了他的知识结构，也基本决定了其创业方向，尤其是创业初期的发展方向。

专业教育是高等职业教育教学活动的重中之重，为学生成长成才夯实了基础。由此可见，高职院校开展创新创业创造教育需要寻求专业教育作为依托，并将创新创业创造教育渗透到各专业的教学活动中，使学生的实践能力、动手能力、创新能力和创造能力的培养在专业教育中得以充分施展，进一步明确创新创业创造教育的发展方向。

五、“三创”教育与专业教育有机融合的原则

创新创业创造教育与专业教育有机融合需要有一个探索和实践的过程，对二者的有机融合应进行系统的设计，遵循适应性、问题导向、需求导向和循序渐进原则，高职院校应善于将专业优势转化为创新创业创造教育优势，合力培养学生的开拓精神、批判性思维、实践能力和创新创业创造能力，提升学生的综合素质。

（一）适应性原则

目前，我国高职院校以专业教育为主，以培养学生掌握扎实的专业基础知识，具备较强的专业能力为目标，教学过程中主要依据专业人才培养方案实施。因此，创新创业创造教育与专业教育的融合，既要考虑专业人才培养方案的复杂性与系统性，又要考虑创新创业创造教育的综合性与实践性。

高职院校应遵循适应性原则，在确保专业教学有序实施的前提下，有效融入创新创业创造教育。从培养目标、课程设计、学分要求，以及实践性教学活动等方面将创新创业创造教育融入专业人才培养方案中，在专业教学过程中发挥出创新创业创造教育的实践作用，培养学生的综合素质与能力，不断提高人才培养质量。

二者在有机融合过程中遵循适应性原则需要做好以下三个方面的融合。

1. 创新创业创造教育与专业人才培养方案的融合，将创新创业创造教育理念融入专业的人才培养目标中，包括课程性质和学分设置等；

2. 创新创业创造教育课程与专业课程的融合，这是二者融合的“核心”，包括课程安排、课程内容及教师的选择等；

3. 创新创业创造教育与专业实训的融合，要充分考虑到创新创业创造教育所具有的实践性，包括校内、校外实践平台的构建，实践教学课程计划、安排等。

（二）需求导向原则

受传统教学理念的影响，我国高等职业教育多以知识的传授为中心，忽视对学生主观能动性、创造力和想象力的培养，难以满足当前社会经济发展对于高职人才的要求与需求。而创新创业创造教育是以培养学生的能力素质、思维品质为价值取向，使其与专业教育相结合，有利于启发学生的探究性，促进学生全面成长。

由此可见，创新创业创造教育是对专业教育的深化，能有效促进专业教育的发展和创新。专业教育和创新创业创造教育作为高职教育不可或缺的两个组成部分，对培养既具备扎实专业理论知识，又具有开拓精神和创新创业创造能力的高素质人才发挥着重要作用。

因此，高职院校应遵循需求导向原则，从创新创业创造教育与专业教育互补的角度出发，促进二者的有机融合。

1. 要在高职院校寻求改革突破口的需求下，调整人才培养模式，在专业教学中充分地、合理地融入创新创业创造教育，处理好学生专业理论知识与实践能力培养的相互关系，有效提升教学质量。

2. 要在经济社会转型发展对高职人才需求转变的背景下，把培养学生的开拓进取与勇于创新精神和专业教育有机融合，使创新创业创造教育能够落地生根，助力提升学生的综合素质。

（三）循序渐进原则

在全面深化高等职业教育教学改革的背景下，促进创新创业创造教育与专业教育有机融合，既是高职院校提升人才培养质量的内在需求，同时也是新发展理念下推进高职院校综合改革的重要举措。人才培养需要遵循人才成长规律，创新创业创造教育与专业教育的有机融合不可能一蹴而就，是一个需要不断探索与实践的过程，高职院校应遵照循序渐进原则，突破传统观念和惯性思维，进一步改革创新，深化高职院校人才培养改革，促进高职生的创新精神、创业激情和创造能力的共同提升。

第二章　高职院校创新创业教育课程建设

第一节　工匠精神融入创新创业教育课程

一、职业教育的工匠精神

工匠精神属于职业精神的范畴，表现出一种职业态度，体现出职业价值取向，呈现出一系列的行为表现。它与从业人员的“三观”有着密切的联系，是一种固化的职业态度和精神信念。

工匠精神看似一种无形的东西，但它体现在职业人的一言一行中，凝聚在工匠的产品里面，表现在人际沟通的场景和供需双方的细节上，通过一系列的载体，如故事、传说等，被相关领域的人所熟知和传播，追求无止境的金牌服务。企业内部需要工匠精神，企业希望员工都是匠人。职业教育也不例外，对工匠精神迫切需要，职业教育输出的人才基本上是以企业为导向的，只有两者的供需匹配，职业教育培养的人才满足行业、企业的需要。由此得出，职业院校与企业都是需要工匠精神的。

工匠精神的培育与职业教育环境有着水乳交融的关系。职业教育的培养目标是培育一线的高素质高技能人才，这与工匠精神不谋而合。工匠专注的职业态度是对高素质的最好诠释，而工匠精湛的技能则是对高技能的最好诠释。在现实中，一些职业院校非常注重培养学生的职业技能，却忽视了职业素养的培养，这也恰恰偏离了职业教育的本质。职业教育要想取得预期的效果，使成果更加丰硕，那就要摒弃一些急功近利的做法，真正地将工匠精神重视起来，引入职业教育中，融入人才培养方案，把工匠精神落实到每门课程中，体现在课程的项目训练中。这样不仅可以提高学生的技能，而且在教学的环节培养学生的职业素养，满足职场真正的需求，为行业、企业输送工匠人才，促进与专业对接的行业取得长足的发展，实现校企共赢的新局面。

二、创新创业教育融入工匠精神的意义

将工匠精神中的职业态度贯穿到职业院校创新创业教育中，需要我们国家、企业、学校、学生更加专业、专注、专心，甚至用生命去雕琢，才能实现两者完美结合的目标。

（一）工匠精神为中华民族实现中国梦提供了强大的精神动力

工匠精神是通往中国梦的通道。工匠精神为每一位中国人的人生幸福提供了精神引领。教育者要不断地贡献智力，实现人生幸福。在现阶段，社会主要矛盾已经转化为人民日益增长的美好生活需要和不平衡、不充分的发展之间的矛盾。解决这个矛盾就需要创新。创新的“魂”和“体”的有机结合，为工匠精神注入动力，使得工匠精神体现在社会的各行各业。

创新作为一种无形的精神动力，使工匠精神内化，通过产品和服务表现出来，通过使用这种产品和服务来感受这种精神。

（二）工匠精神为企业可持续发展提供了重要的保障

世界上基业长青的企业秘诀——工匠精神。这种精神使企业经得住历史考验，屹立世界之巅。这类企业都有着共同的特征，即永无止境地追求精品，用匠心打磨产品。工匠精神对企业，尤其是商业企业有着重要启示。一些商业企业为了追求眼前的利益，对产品品质把关不严，出现产品质量差的现象，最终退出历史舞台，究其原因就是缺乏工匠精神。坚持工匠精神的企业，对自己的产品和服务有一种精益求精的情结，对产品反复雕琢，根据客户的反馈将其不断地优化，迎合了消费者的潜在需求和现实需求，最终赢得市场的认可。精益管理是值得企业借鉴和学习的，明确目标后，通过不断地跟自己较劲，不断地提高产品的质量。企业要想在激烈的竞争中不断地提高话语权，必须有工匠精神，不断地在产品质量上做功课，提升企业的形象，满足消费者的需求。

（三）工匠精神为职业院校特色发展提供了广阔的空间

职业院校的入口和出口实现有效的衔接，走一条符合区域特色的工匠之路是非常明智的。事实上，国内职业院校的同质化是非常严重的，商科专业办学雷同也是非常高的。根据一些统计数据和用人企业的反馈，用人企业对入职的新人不仅要求具备专业知识，而且对职场软实力的要求也是很高的，甚至高于专业知识。很多企业达成的共识是希望基本素养在学校学习结束的时候就已形成，专业技能可以在企业里培养。因此，职业院校在进行人才培养的时候，要根据区域特点，不断地完善职业精神的落地措施，尤其是要在学生一入学时就培养其工匠精神，不断地进行渗透。只有人才的出口畅通了，职业院校的特色发展舞台才有广阔的空间。

（四）工匠精神为学生全面发展提供了无限的动力

作为一种职业软实力，工匠精神对学生的职业生涯也提出了更高的要求，其影响也是潜移默化的。它能使学生不断地提升职场竞争力，在职业生涯中脱颖而出，不断地向设定目标迈进。随着互联网、智能化、大数据的应用越来越广泛，与工匠精神融合越来越紧密，对职业院校的学生也提出了更高的要求。只有这样才能满足企业在人才招聘时强调“对工作负责、能够吃苦耐劳，具有某项或多项专业技能”。因此，学生在学习成长过程中，不断地注重工匠精神的养成和提高人力资本的附加值，顺利地进入企业、融入社会，实现真正意义上的全面发展。

三、引入工匠精神的职业院校开展创新创业教育的路径

如何让职业院校的学生不断地提升就业竞争力，使软实力（如吃苦耐劳、工作细致、态度严谨等）经过专业学习之后得到提升，与企业的需求相吻合，这是一项长期的艰巨工作。在工匠精神的影响下，职业院校的人才培养目标实现起来更具有操作性，对各类资源进行相应的整合，从专业灵魂、专业教育、专业实训、校企合作、专业文化等视角对工匠精神进行培育。

（一）思政和双创教育是培养学生工匠精神的灵魂

专业灵魂是专业的生命力，思政和双创教育在职业院校开展创新创业教育中起到了主阵地作用。学校应根据学生的认知特点，将工匠精神融入学校的人才培养目标中，通过人才培养方案进一步完善职业素养、职业技能的内容。根据专业特点，将创意落地，做一些创业项目，通过项目提炼专业灵魂，升华专业灵魂。以思想政治教育课为工匠精神培育的入口，双创教育课为工匠精神培育的出口，从而打通了任督二脉，营造出了良好的工匠精神培育的氛围，甄选合适的教学方法，对学生的工匠精神进行教育引导，并使工匠精神传承下去。结合专业的特点，将思政和双创教育融入专业的人才培养体系，细化工匠精神呈现的标准，改革专业人才培养方案，从而形成正确的职业态度，实现同学们的成长、成人、成才的目标。

（二）专业教育是培育工匠精神的中流砥柱

基于工作过程的课程改革是职业院校教改的大方向，根据职业院校专业对接的行业及职业院校的学情特点，制订更加接地气的人才培养方案，在人才培养方案中体现出专业对接行业的工匠精神的内涵、建设标准及实施的措施。在职业院校重视能力培养的基础上更上一个台阶，通过专业教育建立以专业能力为载体，形成提升学生的专业方法、社会能力的课程体系，最终融入基于工作过程的项目课程中，学生在专业教育中不断地提升对专业的认识，让工匠精神融入专业教育中。

在执行人才培养方案中，专业课教师发挥着重要的作用。在教学中对工匠精神要有正确的认识，有敢为人先的精神，通过树立典型，让榜样的力量在身边发光发热，将职业素养融入专业课程的教学目标，用合适的方法和途径培养同学们的专业技能，使同学们更快地掌握专业技能。这个过程需要专业教师不断地创新，将专业技能作为一个重要的考核指标，使得同学们不断地去强化，并在专业学习中迸发出工匠精神，形成自己的创新技能。同学们在学习中要大胆创新，不断地提升专业技能，使专业理论与专业实践有效地结合，形成工匠精神的创新驱动。

（三）专业实训是培育工匠精神的质量抓手

专业实训是职业院校学生增强职业技能的有效途径。通过为期几个月的专业实训，学生有一种脱胎换骨的感觉。工匠精神贯穿整个专业实训过程。当工匠精神与具体的专业的行业场景结合到一起的时候，学生会感受到自己所学专业的魅力，由衷地喜欢上自己的专业。这样就会激发出学生的专业认同感，形成无形的职业情感，看似以虚幻的形式呈现出来，实际上通过这种实训的形式对学生的工匠精神进行培育，让同学们深切地感受所学专业的行业工匠精神。

从专业实训的管理规范及考核形式，再到企业最终的录用标准、成长激励，都要经过严格的制定程序。首先，要营造良好的专业实训氛围，让学生感受到专业所在行业的工匠精神，从某种程度上对职场的一些行为进行引导和约束。管理规范包括实训学生的作息时间、操作流程的熟练程度、考核与奖惩的制度等。学生进入所属的行业之后，要严格遵守企业的规章制度，快速熟悉职场的环境，在细节上彰显职业素养，如看似微不足道的作息时间遵守、责任心等，培养学生严谨的工作作风，使奖惩发挥真正的作用。其次，对学生们在专业实训的考核方面制定严格的标准，甚至对其提出更高的要求，尤其是对工匠精神的培养，不断地形成对待工作认真的态度、开拓进取的精神及优良的工作作风。

（四）校企合作是培育工匠精神的桥梁连接

校企合作在培养学生动手能力方面发挥着重要作用。职业院校培养工匠精神离不开校企合作。职业院校依靠自己的力量培养工匠精神总是显得势单力薄，学生只能在虚拟的环境中进行演练，不能接触到真实的商业，不利于学生工匠精神的培养，不利于学生今后在社会上成长。学校要挖掘区域乃至全国的企业资源，实现校企资源的互通。要解决上述这个问题，创新创业教育必不可少。通过校企的深入合作，参与企业可以给学生营造真实的企业运营环境。通过“走出去”的方式，学生可认识到工匠精神的价值，全身心地投入工作中，不断地提升自己的职业素养。专业对接的行业是非常丰富的，职业院校要主动适应企业的需要，用企业的资源与文化去熏陶学生的工匠精神形成，使培养匠人的土壤更加肥沃。工匠在中国制造的发展中承担着重要责任，尽管职业院校人才培养目标相比985、211院校人才培养目标有一定的差异性，但是职业教育也肩负着工匠精神培养的使命。

职业院校开展创新创业教育时，制定专业建设标准必不可少，要考虑到融入专业对接的行业工匠标准，将专注、精益求精等核心在专业建设标准中进行提炼，形成基于工匠精神的专业建设标准。同时，职业院校专业开展创新创业教育可聘请企业的高管对某行业进行剖析，通过讲座、授课、座谈会等形式，对学生进行耳濡目染的职业精神的引导。优秀毕业生的榜样作用也是非常重要的。这个群体的知识储备和价值导向与在校生是非常相似的。他们的亲身经历对在校学生是一个很好的引导，对在校学生的标杆作用也是很明显的，更具有说服力和感染力，这种示范作用对培养学生的工匠精神是无形的。因此，在培养和塑造学生的工匠精神过程中，连接校企合作这座桥梁是不可避免的。

（五）专业文化是培育工匠精神的隐性熏陶

专业文化是专业的内涵建设，属于隐性教育资源，使学生的职业素养教育从感性上认识工匠精神，更有利于专业文化的传播、工匠精神的弘扬。这种工匠精神融入专业对接的行业文化，形成独具特色的专业文化。同学们在专业文化的熏陶下，认识到坚守岗位、刻苦钻研对传承专业文化的重要性。这样为学生营造了一种工匠精神氛围，既增强了职业院校学生专业学习的动力，又能丰富学生的业余文化生活。专业文化的大练兵等手段，既可以丰富专业文化，又可以指导学生主动探索实践过程中的问题，体验真实的专业场景，使隐形的知识内化到自己的品质之中，使工匠精神在专业文化中不断地升华，从而营造专业工匠精神的氛围。

工匠精神阐释的是全民族的精神，它在职业教育中发挥着重要的作用。匠人的精神不是与生俱来的，而是经过专业的不断打磨才能形成的，这与职业院校氛围营造、专业教师的点播、个人的职业努力也是密不可分的。这种精神的形成需要职业院校根据区域特点，明确办学定位、制定人才培养目标、优化核心专业的人才培养方案等，不断地内化匠人精神，通过工匠精神的实现路径，使创新创业教育更加接地气。

第二节　思政教育融入创新创业教育课程

一、课程思政视角下职业院校创新创业课程的新内涵

（一）课程定位

职业院校开设的课程强调学生的动手能力，创新创业课程的开设更不同于一般课程，它更强调实践操作能力，对知识转化能力要求更高。

创新创业教育课程在职业院校的课程属性是公共基础课程或必修课程，其课程定位兼具理论性和实践性，对其思政性要求也很高，将思政元素融入职业院校创新创业课程，这种方式也是开展课程思政改革的有效路径。思政教育与双创教育的融合既有利于为学生明确今后的创业方向，又能引导大学生开展的创新创业活动符合国家主流价值观，为社会主义现代化做出自己的贡献。

（二）教学内容

创新创业教育课程在教学内容设计上，以新时代中国特色社会主义思想为理论指导，将马克思主义的辩证唯物主义和历史唯物主义作为理论建设的支撑，以中国传统哲学丰富其内容，使学生树立科学的世界观、价值观、学生观、教育观、成才观、幸福观、人生观，用系统的方法论贯穿职业院校课程教学全过程。在课程思政视角下，职业院校创新创业课程的教学内容兼收并蓄，除了常规的创新创业基础知识之外，学习建党百年华诞，坚定四个自信及社会主义核心价值观奠定双创方向；探索基于新时代主要矛盾双创以及国家的创新驱动发展战略；善用中华传统文化，大处着眼，小处着手，以及为民服务，脚踏实地；科学客观地认知风险及敢闯会创的创业者品质；开阔国际视野，解决“卡脖子”问题及开展创业行动，需要公民道德、社会责任与法制意识，需要树立新时代创业者的风采及具备全球视野。圆中国梦有我，注重社会主义核心价值观的课程学习，引领大

学生树立正确的人生观，延续红色基因命脉，将中华优秀传统文化发扬光大，并根植于大学生的理想信念中，使得大学生在艰苦环境中磨炼意志、在破解难题中增长才干。

（三）教学形式

职业院校开展创新创业教育课程思政的过程中，采用显性教育与隐性教育相结合的育人模式。职业院校在一般的课程讲授中，采用更多的是分组教学、合作学习等教学方式，采用的教学方法如讲授法、讨论法、案例教学法等，对学生进行的更多的是显性教育，通过直截了当的方式进行说教。而课程思政视角下的职业院校创新创业课程要摒弃以往的传统做法，采用更符合现代学生的教学方式，做到润物细无声，凸显的是隐性教育。两者的融合不能过于突兀，不能像插播广告那样，给学生一种违和感，而是要强调在潜移默化中引导学生，采用学生喜闻乐见的教学方式和方法激发学生的学习兴趣与探究问题的能力。教师在课程讲授过程中，将社会主义核心价值观的典型案例与创新创业课程进行完美结合，让学生在喜闻乐见的创业实例中明白做人的道理，明白社会主义核心价值观的重要性，帮助大学生在创新创业路上树立正确的价值观。

二、思政教育是促进大学生参加创新创业教育的基础

创新创业教育既不是以简单培养学生创业为目的，也不是仅仅局限在帮助学生就业，这门课程的终极目标是为学生全面发展赋能的综合性素质教育。思政教育在不同的历史社会时期不断演化，内容不断地丰富。中国特色社会主义新时代，其内容包括塞罕坝精神、抗疫精神等。培养学生正确的价值观，丰富其重要内容，使学生的思想道德水平不断提升，进一步通过创新创业教育活动提升学生改变世界的觉悟。

思想政治教育体现出时代的思想性及课程思政的渗透性，它贯穿于职业院校创新创业教育的各个环节，对学生开展社会实践具有较强的指引作用，为社会经济进步及学生的职业生涯发展提供了明确的导向作用。二者在很多方面表现出高度一致，互为补充，相互融合，提升了大学生创新创业的实践能力。

（一）思政教育与创新创业教育具有目标的一致性

二者的培养目标具有一致性，无论哪种教育先面世，都为培养新时代高素质高技能人才提供了指引。创新创业教育的培养目标是在培养创新创业核心能力的前提下，帮助学生快速知晓市场竞争的残酷，不断地在市场中历练本领。这对大学生的软实力提出了更高的要求，不仅能培养大学生善于思考、敢于探索、敢于创新的精神，也对大学生团结互助、遵纪守法、懂得感恩的职业道德素质有了明确的要求，还历练了大学生在遇到困难的时候，能够做到迎难而上、永不退缩。

（二）思政教育与创新创业教育具有内容的相通性

思想政治教育主要包括世界观、教师观、学生观、教育观、成才观、幸福观建设、公民道德养成、社会责任与法制意识建立等内容。创新创业教育的内容主要包括双创启蒙、创新探索、发现机会、商业模式、创业风险、创业资源、项目创新、创业团队、创业计划、创业资金、创办企业、创业路演等，激发大学生创新创业的动机更加明确，以辩证唯物主义和历史唯物主义为纲领，以新时代中国特色社会主义理论思想为指引，鼓励学生树立远大理想，凝心聚力，为实现社会主义现代化贡献力量。

（三）思政教育与创新创业教育具有功能的互补性

思政教育与创新创业教育在教学方法上具有一定的互补性，均重视对学生人格的塑造，培养学生的主体性，以主人翁的角色参与社会主义建设，同时考虑到个人发展与社会需求相匹配。创新创业教育既可以为社会发展培养创新型人才，也可以完善我国学科建设发展；思政教育的功能是职业院校开展理想信念教育，为树立良好的价值观发挥着引领作用。思政教育是把握大学生世界观、学生观、教育观、成才观、幸福观建设这艘大船的舵手。创新创业教育的开展离不开思政教育的感召，满足新时代社会需求，不断提升创新创业的实效性，并对其路径进行有效的梳理，这样使思政教育为创新创业教育不走偏，为实现创新创业教育的不偏不倚保驾护航。因此，两者彼此成就，相互影响，在实现两者的目标前提下，为实现职业教育目标发挥着不可估量的作用。

三、以“课程思政”理念搭建职业院校创新创业教育平台

（一）思政教育促进创新创业教育的要素分析

在实现创新创业教育的课程思政过程中，要对平台要素进行分析，在坚持两个统一原则的基础上，发挥价值引领，促进有效衔接，出台激励手段保驾护航。

1. 坚持两个统一

首先，要坚持个人发展与社会需求的相统一。只有符合社会发展规律，才会得到社会的认可，个人发展的意义才有价值。因此，两者的相统一，是思想政治教育与创新创业教育共同追求的目标。在日常教学过程中，以思想政治教育为准绳，对大学生这一思想和行为进行约束与引导，与社会发展的需求相适应。在开展创新创业教育课程思政时，既要让学生吸取专业的知识能量，又要培养高尚的思想品格。

其次，要坚持理论与实践的相统一。全部社会生活在本质上是实践的，而实践的主体是具有一定思想认识的人。坚持理论指导和实践探索辩证统一，必须坚持实践第一的观点，一切从实际出发。思想政治教育是培养学生的政治素养、道德素养、理想信念，使学生从感性思维向理性思维转化，用理论武装头脑。创新创业教育是针对社会关注和学生日常遇到的实际问题，用专业知识来解决大学生所关心的问题。有针对性地解决个体思想问题与实际问题，可以使两者彼此渗透，实现更好的育人效果。

2. 发挥价值引领

思想政治教育对创新创业教育的首要任务可以归纳为三点。第一，创新就是高科技创新，就是颠覆式创新。创新成功与否，最终要看是否赢得市场或社会的认可，进而生成更大的、持续的财富创造效应。第二，创业就是创立新的企业或组织，需要政府规划的强力引导。其实创新创业鼓励大家把创新与创业精神转化为企业或组织相对固定、持续不断的日常工作；在转瞬即逝的市场机会中，政府裁判员获得的创新信息往往是滞后或失真的，如果强行规划引导创新与创业发

展，要么属于滞后引导，那么是人为制造产能过剩。第三，过多依赖孵化器促进创新创业。国内出现了大量的众创空间孵化器，仿佛创新创业和孵化器已经画上了等号。思想政治教育对意识形态的建设恰好能弥补创新创业教育的缺陷，促进两者有效融合。

首先，要树立思政教育引领观念。只有坚持思政教育的价值引领，创新创业教育方向才不会走偏，才能保障创新创业教育有效开展，尤其是在物欲横流的今天，一定要筑牢大学生的意识形态领域阵地，以饱满的热情参与到创新创业教育当中。

其次，要建立价值引领机制。这种机制包括内在机制和外在机制，内在机制是内化为主体需要，并在创新创业实践中积极转化为具体行为表现。要树立创新创业强国梦。应遵循学生身心发展规律，在尊重学生个体差异化的基础上，让学生都找到自信，提升自我成长的认知，让每个学生都找到自己的坐标和人生方向，树立创新创业的远大理想和崇高信念，成就最好的自己。面对复杂的信息和多元的价值观念影响，明确外在机制的作用，对大学生的不良行为进行心理干预和疏导转化，引导其树立积极正确的社会主义核心价值观。

3. 促进有效衔接

思政教育与创新创业教育要实现“无缝”衔接，要构建完善的衔接机制。首先是确保课程内容衔接。思政教育融合创新创业教育的主要渠道是课程内容的有效衔接。一是我国职业院校的创新创业教育起步较晚，课程开发程度还过于单一化，呈现出来的多元化程度还偏低，开发空间还很大。创新创业教育课程的开发如何与思政教育进行有效衔接是一个值得持续关注的问题。二是创新创业教育教材的修订要与思想政治教育课程内容相衔接。要在思想政治教育的过程中融入创新创业内容，将爱国主义、集体主义、社会主义的教育及理想、道德、纪律、法制、国防和民族团结的教育等内容与创新创业教育内容衔接起来，这既解决了创新创业教育只关注实践和动手能力的问题，又增强了学生的思想政治素养，使学生在接受思想政治教育的洗礼下，逐渐形成正确的创新创业意识和提高创新创业能力。

其次是构建师资协作机制。一方面，构建“内培”的师资策略，即对现有师资力量进行培训，提升师资教学能力。后天培养也是一种有效的路径，让教师的教学观念不断更新，专业素质不断提升。具体操作层面上，学校可以组织思政教师和创新创业教师进行定期交叉培训，促使他们的创新创业和政治理论知识与时俱进，为开发学生的创新创业潜力赋能；另一方面，构建“外引”的师资策略，聘请校外思政专家、创新创业的优秀实践者，根据创新创业项目特点，邀请一些思政专家、企业家、优秀校友等来校进行专题的沟通交流，及时弥补校内教育资源的紧缺。多元化的师资队伍恰恰符合职业院校思想政治教育与创新创业教育融合的方向，能从理论和实践上使其内容更加丰富，为学生树立坚定的理想信念、找到创新创业的人生目标提供明确的指引。

最后是构建实践融合机制。职业院校强调动手能力，校企合作、工学结合等日益被重视，教学理念也不断地进行更新，思政教育对实践的思想引领作用日益显著，为二者的有机融合提供了良好的契机。职业院校在加快推进“产学研用”一体化进程中，实践维度符合职业教育的特点，与思想政治教育不谋而合。如何打通思想政治教育与创新创业教育？通过创新创业项目整合现有资源，实现一体化的思政教育与创新创业教育融合，完善实践内容来促进学生创新意识培养，树立远大理想信念，坚守职业道德规范，不断提升大学生的职场素质。对外要利用社会的众创空间、孵化器等资源，盘活校内创新创业资源，为校内开展创新创业教育注入活力源泉，通过常态化的项目运作，将理论运用到实践中去。

4. 出台激励手段

如何对创新创业教育课程开展课程思政激励，发挥出激励的导向作用是一个值得探讨的问题。目前，职业院校在两者之间关系界定上有一定的难度，其隐性的联系难以剥离。在实际操作过程中，如何获取正反馈，也要采取有效的激励措施，让激励的导向作用更加明显。

激励对象主要分为两个方面。一方面是对教师的激励。教师的引领作用对学生会产生深远的影响。制定奖励办法，促使他们千方百计地想办法提高课程水平、提升课程品质。建立可测量的评价指标，监测思政内容融入，尤其是关注实践环节的思政融入。成立专项奖励基金，设立相关指标并考虑将其纳入教学评估体系，对一线教师的资金奖励适当倾斜；作为教师职称评审、岗位竞聘、绩效考核、收入分配、续签合同的重要依据；另一方面是对学生的激励。创新创业教育课程思政体现在专业人才培养方案中，以学分形式提高学生的参与热情，并采取有效途径进行优选。探索学生项目推进环节的形式，表彰敢于实践、勤动脑动手的学生，鼓励学生解决现实问题，解决真实问题，并用专业知识不断地进行探索，在正确的思政教育引导下，实现双向渗透、双向融合。

（二）以“课程思政”理念搭建职业院校创新创业教育平台架构

1. 以“课程思政”理念搭建顶层设计平台

职业院校的创新创业教育进行课程思政建设，将理论转化为实践，最终以成果的形式表现出来，这就需要引导大学生积极投身社会实践活动。因此，在课程思政理念下进行顶层设计，集全校之力，凸显课程思政理念的价值引领作用。学校党委统一领导，成立专门的课程思政领导改革小组，由校级领导任组长，学校各个部门任成员，落实课程思政的改革任务。例如，教务处负责课程思政改革的统筹规划和教师的职业能力培训；学生处负责学生社会实践的主题策划与指导；创新创业学院或中心负责创业项目的引进和创业能力提升；招生就业处负责学生的创业质量监测，构建课程思政的顶层设计平台。

在顶层设计平台的指引下，构建丰富多彩的课程思政闭环。一是组织以创新创业为主题的班会和社团活动。学生处、创新创业学院或中心、辅导员、思政课教师、创新创业指导教师要积极参与，或者聘请校外企业专家（校友），形成育人合力，引导大学生关注社会发展，根据社会发展历程，树立正确的创业目标，激发大学生的创业热情。二是组织三下乡等暑期社会实践活动，学生处、团校委积极谋划主题，思政课教师和创新创业教师带领学生积极参与，了解主题的深度，体察社会，以小组为单位，思考社会上存在的现实问题的解决办法，提高回馈社会的强烈责任感。

2. 以“课程思政”理念布局网络空间

职业院校在线上平台开设在线课程的同时，也要承担课程思政的任务。第一，职业院校根据院校实际情况，建立基于互联网技术的云平台，学生登录平台，在线与教师实时互动，实现创新创业全程可视化。第二，师生可以共享国家、省市的创新创业政策资源，对当前的创新创业信息动态进行分享和探讨，为职业院校开展创新创业教育课程思政提供丰富的信息源。同时邀请企业方进入平台，加强校企项目合作，在专利申请、技术交流等方面，形成校企合力，共同打造创新创业队伍。第三，加强在线学习空间建设，提高大学生在创新创业路上明辨是非的能力，自觉维护网络空间安全，增强不良信息的辨识能力，确保空间网络的内容安全，并将创新创业教育课程思政传播到全世界。

3. 以“课程思政”理念孵化基地空间

职业院校建设了孵化园、创业孵化器或者众创空间等，这些实体场所为职业院校孵化创新创业人才提供了便利的条件，确保了创业项目的延续性。职业院校的孵化基地在满足学生项目孵化的前提下，也可以成立创业风险基金，帮助大学生抵御创业项目带来的风险。孵化基地的创业导师不仅仅局限在项目指导上，还要加强学生的思想教育。如孵化园策划“一月一主题”“一主题一特色”的活动，开展线上线下对接项目会等活动，进一步开阔学生创新创业的视野，激发创业的热情，在思想政治教育引领下，解决创业项目中遇到的困惑和难题。

着力建设产教融合、市场运作、特色鲜明的职业院校众创空间运营模式。积极引入社会资本，不断提高社会资本参与建设的职业院校众创空间比例。已设立资产管理公司的职业院校，要成立具有独立法人资格的众创空间运营公司，按有关规定积极吸引相关企业、投资机构等社会力量参与建设。未设立资产管理公司的职业院校，可与具备独立法人资格的职业院校众创空间运营公司进行合作，以内涵建设为纽带，开展跨院校、跨区域联合，形成学科、人才优势互补，项目、活动互融互通的合作模式。

四、课程思政视角下职业院校创新创业课程的建设路径

（一）科学谋划职业院校创新创业课程思政的建设规划

坚持以新发展理念为指引，统筹协调，分类指导，协同推进。坚持“思创融

合、专创融合、产创融合、城创融合”的建设发展思路，对标国际、国内一流创新创业平台，提高专业化、现代化水平，推进内涵化、高质量发展。在具体操作层面，将思创融合教育落到实处。课程内容设计融入思政内容，建立创新创业与德育的互通桥梁。坚持“教育、实践、孵化”相结合，着力引领人才培养模式改革。在创业孵化阶段，对诚信问题实行一票否决制，使参与创新创业的大学生对道德品质有敬畏感，利于良好品德的养成。思政保驾护航，着力激发释放创新创业活力，整合高职院校科技、人才和资源优势，促进产学研深度融合，引领带动区域行业产业发展，为全面实施创新驱动发展战略、建设区域经济提供思政护航、智力支撑和人才保障。

（二）充分发挥产学研平台作用，提高课程思政的实效性

产学研平台是国家提倡各个高职院校建设的平台，它对地方经济社会发展起到整合资源、扩大受益面的作用。它利于培养高素质高技能人才，促使大学生在平台上历练技能、掌握本领。聚集创新要素，整合创新资源，组建四类有一定规模和影响力的“工创、农创、科创、文创”等创意中心。打造“环产业创新经济圈”，推动政府、高职院校、行业紧密合作，坚持“横到边”（政府、高职院校、部门、行业）与“纵到底”（产业、企业、车间、班组）相结合。同时，将课程思政在平台上呈现出来，为产学研项目保驾护航。教师要以学生为本，摒弃原有的思维模式，学会换位思考，舍己为人，不断提高课程思政的实效性。

（三）培育具有思政素养和多学科知识的师资队伍

建立职业院校创新创业教育师资库。培养一支素质过硬、能力超强的学科交叉的师资队伍。这支专业教师队伍既要接受创新创业基础培训，又要接受专创融合教学法和创新创业思维培训，培养既懂专业又懂创业的金牌教师。一是要明确思政教师和创新创业教师在开展创新创业教育课程思政中的作用，提高教师的教学能力和课堂驾驭能力，着力构建“思想导师+创新导师+创业导师”的多学科交叉的高素质、高技能的师资队伍。二是要求教师提高自身思想政治素养，不断

完善多学科的知识结构，提升教师实施创新创业教育课程思政的资源整合能力和课程内容开发能力。三是要把思想政治教育知识模块有机融入创新创业教育课程，根据师资培训任务，引导教师将思政元素全过程融入，对学生的思想成长提供知识保障。

（四）运用网络思政阵地，扩大创业教育覆盖面

在智能化时代，大数据、人工智能、移动互联、云计算、物联网 IoT、区块链等得到普遍推广，对职业院校传授的技能既是一种冲击，也是一种考验。新技术给职业院校思政工作提供了一种全新的教育方式，如何利用新技术巩固大学生思政阵地，是摆在职业院校当前的一项艰巨的任务。抖音、B 站、微博、微信、QQ 等迅速渗透到职业院校大学生的日常生活中，抢占了学生的碎片化时间。由此可知，发挥高职院校网络思政教育平台的作用，巩固学生的思想政治教育阵地势在必行。以创新创业教育课程思政改革为契机，在高职院校网络思政教育平台中，构建网络创新创业实践平台，提升授课内容的趣味性，吸引学生参与到线上创新创业活动中，磨炼意志，助力成长。在网络创新创业实践平台上宣传校友创业实践的成功案例，为相关领域的学生创业提供引导作用。

（五）挖掘思政元素，丰富教学内容

创新创业教育课程开设短则五六年，长则十几年，内容固化严重，挖掘思政元素、丰富课程内容是课程思政的有效路径。第一，针对目前国家的思政要求，将文件精神进行学理化，丰富创新创业课程内容，并将专业知识与彰显主流价值观统一，课程内容设计要实现找出契合点与突出重点相统一，从而夯实课程思政的育人效果。第二，通过课程这个载体，将课程思政元素呈现出来，形成德育渗透、价值引领的教学过程。因此，职业院校创新创业课程思政元素挖掘要考虑知识技能与育人成效相结合的课程融合思路。

第三节　劳动教育融入创新创业教育课程

一、职业院校劳动教育与创新创业教育的发展现状

进入21世纪以来，创新创业已经成为主旋律，是加速经济增长的新动力，是推动坚持走中国特色自主创新道路的新引擎，也为实施创新驱动发展战略的落地提供源源不断的动力。就目前来讲，职业院校开展创新创业教育也是推动职业教育综合改革的重要抓手，对落实德、智、体、美、劳“五育”并举教育方针、促进职业教育健康发展、推进经济现代化建设、提高社会就业创业质量有着非凡的意义。

从创新创业教育理论体系的探索上来看，学者们主要从创新创业教育的宏观设计进行研究，包括人才培养体系、专创融合等；也有学者偏向创新创业教育的微观方面研究，如从课程内容设置、师资队伍建设、质量评价指标等多个角度开展研究，并根据研究客体的实际情况提出有效的发展建议。

劳动教育在中国特色社会主义教育制度中发挥着重要的作用，是“五育”的重要内容表现。劳动教育对其他“四育”有着固本的功能，可以树德、增智、强体、育美。它的不可替代的独特功能，使其育人价值越来越明显。劳动教育不仅要适应新时代发展的新形势，实时进行形态更新，同时还要根据职业院校特点，创新创业教育开展情况等因素，提高劳动教育融入创新创业教育的针对性和有效性。近年来，劳动教育逐渐成了重要的研究热点，研究内容不断地聚焦，研究主题主要集中在新时代劳动价值观、劳动教育的特征、劳动教育融合、劳动实施路径等内容。

目前，对劳动教育的研究已经到了前所未有的高度，在立德树人理念的指导下，将劳动教育融入人才培养体系，并与创新创业教育结合是一种趋势。但是从现有文献发现，关于劳动教育与职业院校创新创业教育融合的研究相对较少，没有形成一套完整的理论支撑体系和系统化的科学指导。普通高等学校劳动教育的

要求是要使学生形成马克思主义劳动观，提高创造性劳动能力；注重围绕创新创业，结合学科专业开展生产劳动和新型服务性劳动。劳动教育与创新创业教育融合是职业院校创新创业型人才培养的发展趋势与必然要求，那么两者融合的理论支撑是什么？如何建构？两者如何融合支撑专业发展？这些问题都是值得深思的，这也对新时代职业院校劳动教育和创新创业教育的有机融合提出了挑战。

二、职业院校劳动教育与创新创业教育的互动关系

职业院校的劳动教育让受教育者在强调劳动体验的基础上，树立正确的劳动价值观，以积极的创新精神应对未来世界的挑战。大学生树立劳动观是非常重要的，这关乎今后职场的表现，甚至个人理想的实现。职业院校的使命是育人，要为劳动教育与创新创业教育两者的融合提供最优质的环境。

劳动教育不应一成不变，而是要顺应新时代社会进步及未来社会劳动形态变化，无形中使学生增强劳动意识，学会用创新创业的思维去解决遇到的实际问题，并不断激发职场动力，积累职场经验，提升学生的创业能力。创新创业教育是塑造学生的身体、精神和灵魂，劳动教育是培养学生的核心技能和劳动技能。虽然两者的核心目标与侧重点有所不同，表现形态也不同，但是两者都是职业教育人才培养中不可或缺的部分，共同为贯彻立德树人的育人理念发挥着作用。要想深度挖掘劳动教育和创新创业教育融合的价值意义，需要明晰两者在教育目标、教育过程、教育结果等方面的内在关联。

（一）教育目标具有内在一致性

从职业院校的劳动教育和创新创业教育的教育目标来看，两者都是为了改革教育理念与教育模式，解决职业人才培养与社会需求不匹配等问题；都是在探索新时代全面的人才培养体系如何培养学生的德、智、体、美、劳全面发展，在本质上具有很强的内在一致性。职业院校创新创业教育核心目标之一是提升职业素养，培育企业家精神，为学生今后走进职场，以及企业的良性发展保驾护航。当前，我国职业院校的创新创业教育对显性知识的传授是非常到位的，隐性知识却时常被忽略。无论是教育目标、教育内容，还是教育载体，几乎没有涉及创新创

业的隐性知识，对创新创业人才的隐性知识缺乏切实有效的抓手。绝大多数大学生把创新创业理解为创办公司，事实上这类需求很遥远，难以实现。其实带着创新创业意识就业也是一个很好的选择，也可以实现个人价值。

新时代职业院校劳动教育是以马克思主义劳动观为基础，体现出来的劳动价值认同、劳动情感熏陶、劳动品格塑造与企业家精神的勤劳、奉献、守法、担当的内核是一致的。面临商业危机或陷入商业伦理困境时，具有企业家精神的创业者能够在最短的时间内做出正确的价值判断，并进行价值选择。

大学生要立大志、明大德、成大才、担大任，不断增强职业判断力，对国家倡导的崇尚劳动、尊重劳动、诚实守信等理念不折不扣地进行落实，尊重他人的劳动成果，努力成为乐于与合作者分享成果、共同追求社会效益和经济效益的职场人士，甚至是企业家。同时，对企业家提出了更高的要求，既要具备新时代创造性劳动的精神，又要具备与时俱进的劳动观。推动劳动教育融入创新创业教育，要引导学生在创新创业中感受劳动之艰、体味劳动之美、弘扬劳动精神，主动选择到祖国需要的地方去，到祖国的艰苦地方去，将不懈奋斗、锲而不舍的进取精神和爱岗敬业、精益求精的职业操守播撒在祖国更需要的地方，做一个辛勤劳动、创造美好生活，诚实劳动、合法经营，创造性劳动、不负芳华的新时代有为青年。

（二）教育过程具有交互共通性

从职业院校开展劳动教育和创新创业教育的过程来看，两者都是培养大学生核心素养，使良好心理品质在内心生根发芽；两者都坚持在实践中检验真知的方法论，这使两者在形式上具有明显的交互共通性。劳动教育既是目的也是手段，注重劳动过程中的教学性和教育性。

劳动教育并不强调劳动一定能够带来什么样的功利化目标，强调通过动手培养良好技能，其真正的价值和意义在于学生通过劳动能够感受到个人价值的实现与提升。劳动过程实践性体现在专门课程和特定训练活动中，虽然十分强调体验和实践，但是要杜绝将这种实践性学习搞成形式化，其思想定位必然要高于实践。创新创业教育强调理论和实践课程的系统性与适配性，根据学情特点，对学生的创新思维和思辨思维挖掘、创新能力及实践能力提升有着明显的帮助。这与劳动教育的开展十分相近，两者皆强调在课程实践性的基础上注重意识培养和观念的养成。

劳动教育是职业院校实现德、智、体、美、劳“五育”并举，培养新时代社会主义建设者和接班人的重要组成部分。当前，职业院校开展劳动教育时还有些问题没有意识到，首先，劳动教育定位认识不清，落实不到位。劳动教育在“五育”中的地位决定了人才培养体系中的“劳”并不等于“综合实践活动”。两者在落实方面却很容易让人混淆，让人认为劳动教育等同于“综合实践活动”，其实两者有着天壤之别。其次，职业院校分布较广，由于各个地方的经济差异，劳动教育发展状况不均衡，劳动观念也参差不齐。一些职业院校师生认为劳动教育在义务阶段已经完成，与大学关联性不大；或对劳动教育的价值认识不到位，尤其是对“劳动教育是人生第一教育”“劳动教育是创造生活的幸福教育”没有理解到位，把劳动教育的棋下错。党的教育方针已经做了明确规定，重点强调了劳动教育的价值，明确了劳动教育的目标是培育学生的劳动观念、提高学生的劳动技能、提升学生的劳动素养，从而培养全面发展的人才。

因此，职业院校从领导、中层干部到一线老师都要转变劳动教育观念，确立新时代劳动教育价值观，并创新劳动教育过程，通过完善教学模式、课程设置、评价机制等要素，构建具有内涵的新时代劳动教育人才培养体系。

（三）教育结果具有高度统一性

职业教育在各行各业人才培养中发挥着重要的作用，为社会的发展提供了人才支持，在历史长河中已经得到了验证。青年要志存高远、脚踏实地，这与劳动教育强调“知行合一”不谋而合，要求受教育者亲历劳动过程，体会劳动，创造美好的生活。同时，在实际过程中，也有很多人对创新创业教育的开展还存在误解。首先，创新创业教育是一种通识教育，并不是培养每个学生去当老板，它只是促进就业的一种方式。学生在学校里接受了创新创业教育，其隐形作用是无价的，既帮助学生清晰地认识未来职业生涯，又积累了相关的创业知识与技能，从源头上更有利于人才的培养，提高了学生的动手能力。其次，创新创业教育不是简单地参加活动或比赛，也不是纸上谈兵，其本质上强调的是实干兴邦，让大学生用脚步去丈量世界，用耳朵去倾听世界的声音，才能在实践中获取真知，这与劳动教育的价值倾向殊途同归。新时代社会主义建设者和接班人需要创新创业能力与劳动能力兼备的人才，只有这样的人才才能适应且具备改变社会的勇气和能力。

当突发事件扑面而来，一些大学生要敢于面对，针对当时的情况及时调整生涯规划，主动到艰苦地区或特殊行业工作，为社会主义建设贡献力量，体现出大学生身上特有的奋斗精神和奉献精神。职业教育向社会证明了其优异的人才培养能力和动手水平，为社会发展培养合格的接班人。新时代职业院校要明确立德树人的培养目标，以新时代中国特色社会主义思想为指导，将劳动教育与创新创业教育有机融合，形成富有生命力的两者共生体系，并纳入人才培养全过程，培养学生家国情怀意识，转化为每个人的不懈奋斗，以更好地落实立德树人根本任务，实现学生的全面发展。

职业院校的劳动教育和创新创业教育在教育目标上的内在一致性、在实施教育过程中的交互共通性，最终呈现的教育结果具有高度统一性，说明两者有着深度契合的理论基础，呈现良性的融合发展趋势。两者的融合，让新时代的大学生在创新创业教育中增强获得感和幸福感，树立正确的创业观，磨炼大学生艰苦创业的意志，将实现中华民族伟大复兴的中国梦与个人成长捆绑在一起。因此，高职院校要探索将劳动教育融入职业院校创新创业教育的路径，将劳动理念融入创新创业核心素养，塑造大学生的过硬心理素质；将劳动活动融入创新创业实践，推动大学生在创新创业实践活动中不断检验真知。

三、职业院校劳动教育与创新创业教育协同

协调育人的路径有多条，只有适合自己院校的才能发挥应有的价值。因此，对协同育人的性质、范畴和规律进行分析，使协同路径具有或达到某种状态，是协同育人的改进和发展方向。基于二者协同育人现状和实然困境，聚焦应然转向。通过协同育人，构建目标协同、课程协同、师资协同、评价协同的实践方向。

（一）明确培养创新创业型劳动者的目标协同

目标协同是明确培养创新创业型劳动者的重要前提。多元利益相关者对劳动教育内涵和意义的共同理解是开展两者协同育人的先决条件，并在理念认同的基础上制订协同发展战略规划。职业院校应将劳动教育核心要素根植于创新创业教育目标体系，明确学生的必备核心素养是劳动素养，培养学生创新型劳动能力。职业院校应对劳动素养的整体性、结构性、层次性、发展性等特点进行梳理，明确它们之间的关系，界定不同学段学生劳动素养发展的目标定位和层次。

目标协同可以提供以下路径实现：一是通过“外部嫁接”的制度化手段生成协同效应，坚持整体推进与重点突破相结合的原则，建立保障条件和育人体制，促进协同育人的有效实现，包括成立协同育人培训中心等。二是通过“内部生成”的协同发展内驱力的长期战略性规划实现培养目标。注重“内部生成”是指协同主体从自身实际需求出发，从而产生一种内部力量，起到激励与驱动协同主体行为，推动协同主体间相对平衡，并保持其内在动力。当前职业院校学生大多是00后，他们的思维呈现出开放性和多元化特点，具有很强的塑造潜能，改变了以往的就业观念，不局限在一个固定的工作干一辈子，工作时间、地点更加灵活。以劳动教育来促进学生创新创业教育，将坚定的创新创业信念与劳动价值取向融入创新创业实践中，使学生能够将协同育人的核心价值内化于心，使其作为行为准则进行自我约束，从而实现协同育人的目标。

（二）构建多层次立体化课程体系的课程协同

课程协同是关键。一些职业院校在探索劳动教育与创新创业教育课程的归属时，尝试着合科开设；在课程内容设计方面，一些职业院校教师探索将劳动教育内容融入创新创业教育课程的模拟实训、综合实训、创业实践或者专业的顶岗实习等方面。力求将劳动教育课程与创新创业教育课程协同，能够将劳动教育的政治性与育人性融入创新创业教育之中，协同强化学生的劳动观念、劳动品质、劳动习惯等，在实现人生价值与社会认同价值中提高认知水平。

在人才培养方案制订中，首先，统筹劳育与创新创业教育的培养目标、培养方案、培养内容，构建科学合理的课程体系，增设一部分适应社会需求、学生满意的融合课程。其次，学校在举办创新创业讲座、开展创新创业体验活动方面，都可以融入劳动教育的理论与实践内容，建立起创新创业教育和劳动教育互通互联的桥梁。最后，可以将劳动教育实践活动课程、创新创业教育实践活动课程与校园文化活动课程紧密衔接，遵循实践性、发展性与生活化的原则。学习情境更加生活化，这样学生学习起来没有障碍，既可以激发学生学习兴趣，寻找那些非结构化的实用知识，又可以通过自己的亲身体验，在不断试错、尝试中寻求两者的关联，学会反思，提升自身的适应能力，从而提高协同育人的培养效果。

（三）优化教师资源配置的师资协同

建设一支结构合理、数量充足、能力互补的优质职业院校师资队伍，是协同育人的关键条件。一些职业院校在师资上实现了共享，实现了劳动教育课程师资与创新创业教育师资互换共享，增加了教师的职业延伸力。要实现稳定的师资队伍，需要从以下三个方面进行变革：一是整合创新创业教育校内师资队伍，借助国家对产教融合的政策，搭建起校企合作的学习合作平台，聘请企业的一线技术人员、创始人等担任校外指导教师，与校内教师形成合力，对学生的校外实践进行引导和指导；二是在“理论型”专职教师培养上，组织多方主体参与，通过制度的形式，引导教师及时更新教学内容，对劳动教育学、人力资源学、劳动法学、劳动保障学等课程进行升级迭代，为学生提供一种成体系的精神谱系和一套系统的创业思维，激励学生在企业家精神感悟下茁壮成长；三是聘请社会企业行业领域的大国工匠、劳动楷模、优秀创业者等担任兼职教师，并制定相关聘请机制，形成创新创业教育与劳动教育的师资合理流动，实现教学资源共享。

（四）坚持创新创业型劳动者的评价协同

评价协同是协同育人的重要保障。职业院校劳动教育与创新创业教育“同向同行、协同育人”的体制机制建设是非常有必要的，因此，建设导向明确、系统完善的评价机制对培养创新创业型劳动者是一剂良方。国家提出将劳动素养纳入学生综合素质评价体系，制定评价标准，建立激励机制，组织开展劳动技能和劳动成果展示、劳动竞赛等活动，全面客观地记录课内外劳动过程和结果，加强实际劳动技能和价值体认情况的考核。考核评价应将创新创业教育与劳动教育的协同育人目标作为主要内容，根据学生个体差异性，围绕劳动核心素养，对创新创业教育进行升级迭代，将人才培养方案、课程重构方案、课堂教学质量评价、教师教学业绩考核都确立为劳动素养的考核要求，进行过程评价和结果评价，实现多元化、动态化的评价机制。

首先，坚持过程考核与结果考核相一致的原则。在评价方法上，采取直接与间接考核评价相结合，对成果进行质化和量化评价，考核的形式包括书面考试、调研分析报告、实习实训日志、口头谈话、项目考核等。同时，还可以诊断性评价、形成性评价、终结性评价等方式，对课程参照系进行相对评价、绝对评价、个体内差异评价，提高协同育人质量。

其次，健全协同育人资源配置结构，建立动态监督评价机制，对劳动成果进行动态监督，注重二者协同育人开展的各个环节，做好协同的每个细节。

最后，在协同育人过程中引入第三方教育评价机构，形成合理公正的第三方评价机制，推进协同育人实效性。第三方教育评价作为独立教育体制的客观公正方，其评价具有一定的科学性，评价优势是教育体制内难以媲美的，这样对职业院校是一种约束，也形成了一种有效的社会制衡机制，在我国得到越来越广泛的认可和应用。

四、劳动教育融入职业院校创新创业教育的实践路径

现代社会的竞争就是人才的竞争，人才竞争归根结底就是知识的竞争。而职业院校作为知识传授的主阵地，必然成为培养学生参与脑力劳动、创造性劳动的天然场所。劳动教育与创新创业教育的互利共生、双向深化的逻辑，决定了劳动教育融入创新创业教育更加符合新时代教育体系的内涵和要求。因此，可通过以下路径来推进劳动教育融入创新创业教育。

（一）改进劳动教育方式，更新创新创业理念

职业院校要不断改进劳动教育方式，体现新时代劳动教育的内涵与价值。

“进阶式”教育目标设计结合新时代职业教育规律，在明确当前社会主要矛盾的前提下，循序渐进地将劳动价值观和创新创业价值观进行融合，分不同阶段、不同层次实现两者的融合目标。坚持第一课堂阵地建设，将劳动教育纳入人才培养方案，组建专兼师资团队，推动劳动教育与专业课程结合，促进学生劳动观念养成。首先，职业院校要积极组织学生参与新形势新形态的服务性劳动。劳动类型对马克思主义劳动理论进行了详细的阐述，并将劳动划分为生产性服务劳动、社会性服务劳动、科学综合服务性劳动和公共服务性劳动等类型。劳动教育更加侧重科学综合服务性劳动和公共服务性劳动，鼓励学生参与文教、卫生、科学研究、技术研究的应用，以及引导学生主动关爱和照顾弱势群体的活动。公益劳动、志愿服务作为服务性劳动的组成部分，对学生形成社会责任意识和奉献精神具有重要作用，因此要通过搭建劳动平台来支持学生参与社区治理，强化大学生群体的责任意识。

鼓励和支持高职院校的专业教师参与劳动和管理实践，发挥校内外指导教师各自的优势，以劳动价值观的塑造作为创新创业教育的基础性目标，夯实新时代大学生的敬业精神、合作精神、诚信意识、责任意识等优良创业素质的培养基础，在此基础上依次进阶，设计创业意识培养目标、创新精神培养目标、创业能力培养目标，切实提高新时代大学生从事创造性劳动的能力和水平。帮助大学生树立正确的劳动价值观念，培养他们的创新思维、创业精神与能力，发扬和传承企业家精神，夯实创新创业人才的发展轨迹。

（二）力抓劳动文化建设，完善实践育人机制

主动对接省、市总工会，建设劳模工匠师资库，定期开展“劳模大讲堂”“劳模工匠进校园”等活动，营造劳动文化氛围，激发大学生的劳动教育热情。职业院校不仅要增强学生文明素养，更要培养社会责任意识，以实践促本领，将劳模精神、工匠精神融入校园文化建设，实现劳动育人“润物细无声”的目标。首先，通过一系列的实践活动，如暑期社会实践、“互联网+”大赛的红旅赛道等活动，不断完善劳动实践育人机制，引导当代大学生既可以仰望星空，又可以脚踏实地，力争在劳动实践中不断激发青年学生的创新活力，提高创业热情，并

将其转化为内驱力，投身于更多的双创项目中。其次，职业院校要为大学生提供创业支持和帮扶平台，帮助大学生树立正确的学习目标和劳动价值观，引导大学生转变就业观念，改变以往的传统被动的就业导向，逐渐树立主动的创业导向。当然，职业院校也可以在企业中寻求“内部创业”的机会，注重培养企业岗位意识，不断增强企业岗位综合能力，努力使大学生成为组织内部岗位创业者。

职业院校要开展以“学业、就业、创业、事业”为主题的大讨论，培育新时代青年的家国情怀，不断提高对国家和民族的理想重任担当，开展有目的、有计划的创新创业培训，引导大学生到祖国最需要的地方去，锤炼个人品质，将劳动观和个人价值观进行有机结合，为将来开展创新创业实践做好铺垫。

（三）建设劳动实践平台，提升创新创业动力

结合校内劳动常态化机制建设，打造“共享厨房”“创意工坊”“星级宿舍”“文明教室”“家居体验”等一批特色鲜明的劳动实践平台。每个环节渗透产教融合理念与实践，打通教育链、人才链、产业链、创新链，这四链环环相扣，有机衔接，构建职业教育发展新格局。强调在实践中实现“做中学”，不断提高学生的动手能力。同样，劳动教育也需要实践性学习，通过劳动实践活动实现育人全覆盖。首先，职业院校要与世界500强企业、中国百强企业及中小微企业紧密协同，以实习实训基地为依托，通过产业学院、校企合作产教融合项目等方式进行资源整合，创建、联建或共享劳动实践育人基地。其次，建立完整的专创融合机制，鼓励学生结合自身专业优势在劳动教育理念的引导下开展创新创业活动，不断提升创新创业能力，为社会创造更大的价值。

职业院校要依据党中央对劳动教育的新要求、新思路，将“三全育人”“五育”并举落实到各教育环节。通过体验式学习，在全国职业院校掀起一场“质量革命”，推进以新技术改造、提升、交叉融合传统学科，打破现有专业学科局限，培养专业素养高、综合能力强的高素质创新创业人才。将系统设计、主动检验贯穿到每一个环节。结合专业人才培养目标，实施有效教学策略，转变教学理念，更新教学方法，特别要重视新知识、新技术、新工艺、新方法的应用，解决现实中的问题，于无形中提升教学质量。

（四）将“呼应式”劳动课程体系融入人才培养全过程

创新创业教育是面向全体专业开设的课程，在专业人才培养方案中都有具体体现。应根据专业特点，各个专业都要体现出差异化，主要包括四个部分：一是面向全部学校的全体学生开展“通识型”创新创业的启蒙教育；二是结合专业特色、学科优势，开展深度“嵌入型”的创新创业教育；三是筛选出有创业想法的学生，对这类学生进行“专业型”创业管理，提升这类学生的创业驾驭能力；四是针对创业想法落地的学生，进行“职业型”的创新创业教育，构建职业化培训体系，帮助创业者树立迎难而上的价值观，顺利度过企业初创期。

劳动教育与创新创业教育一样，仍然是针对全体院校的全体学生，可有效呼应、充实“通识型”创新创业教育，作为丰富人才培养的课程体系嵌入人才培养的全过程。在创新创业初始阶段，除开设创新创业通识类课程外，还可配合开设“劳动教育通论”等劳育类通识课程，“明创业之理”与“论劳动之道”有机结合，为培养大学生企业家精神、正确劳动价值观打下良好基础。在“嵌入型”创新创业教育阶段，可结合各专业特点，强化专劳融合，在树立职业操守的过程中，培养学生树立正确的劳动伦理，掌握劳动法律法规教育，能准确预测劳动发展趋势，准确判断就业发展趋势，助推学生更好地在专创融合的背景下进行创业机会识别、创业风险预测及强化创业风险管理。

（五）打通劳动教育与创新创业教育的“一体化”师资队伍建设

劳动教育与创新创业教育的互通性对教师的能力要求是可以迁移的，决定了职业院校在开展劳动教育的时候，特别是师资紧缺的情况下可以借助双创教育师资，甚至将两者的师资合二为一，打通两者师资的壁垒，这样可以起到事半功倍的效果。在“双师型”专业教师队伍培养上，围绕国家倡导的产教融合政策，完善校企合作机制，鼓励现代学徒制，同时鼓励和支持专业课教师深入与专业相关的企业一线，进行深度产学研，并进行成果转化；在“专业化”专职教师队伍培养上，要把主流的KAB等创业教育培训与劳动科学技术培训结合起来，培养精通创新创业理论知识和劳动发展规律的多面型专职教师；在“社会型”兼职教师队伍建设上，要与各行各业各领域的专家建立联系，邀请这些专家进校园，并作为一项亮点工程常态化，形成一套完整的机制，使学生接触各个领域的专家，感受各个领域的劳动魅力，在行业精英的示范引领下，树立正确的劳动价值观，为社会发展贡献青春力量。

第四节　中华传统文化融入创新创业教育课程

一、高职院校创客文化时代价值

（一）创客文化的本质内涵

创客文化是一个舶来品，指的是创客为了检验自己的创业想法并达到落地目的，利用信息技术，通过线上线下的形式，与他人分享的一种价值观的亚文化。创客文化是通过创客活动传递创业文化的需要，以此达到传递与创业相关的文化目的。因此，创客文化是创客特有的文化传递形式，采用一系列的手段和工具达到传递文化的目的。创客文化是伴随创新创业教育的产生而出现的，随着创业教育的演变和发展，创客文化价值从最初单一的传承文化发展到选择、交流、融合等多个方面。

（二）高职院校创客文化价值

创客文化与传统文化具有天然的血脉联系。自改革开放以来，随着党的工作重心的转移，教育的经济功能更加凸显。如今在大智移云时代，社会技术的进步和人的全面发展表现出一致性，提升人的全面素质和创造能力是社会的需求，也是人发展的根本。创客恰恰迎合上述需求，不断推动技术革新。高职院校创客教育通过对人才的培养，在各个环节渗透着中华优秀传统文化命脉，二者文化兼收并蓄。

高职院校创客教育活动既是在一定的文化背景下进行的，又承担着文化传承使命，如文化选择、文化整合与文化创造等。不同的文化类型必然会影响到创客教育的类型，影响到创客教育制度构建。这些都是由于文化的不同而引起的。在科学文化知识和技术的传承方面，职业教育作为一种类型教育发挥着重要作用。高职院校也承担着文化传承创新的职能，创客教育通过科学文化知识的传承，实现科学文化知识和技术的创新。高职院校创客教育对社会典型工序进行加工改造或创造人类前所未有的技术，通过教师的传播，使少数人所掌握的科学文化知识在较短时间内为更多的人所掌握，在这个过程中创客文化随之产生。高职院校创客文化不仅要传播科学文化知识，还肩负有生产科学文化的重任。在创客文化因素中，科学技术对创客教育的影响非常明显，而且其影响力逐渐增大。同时，人文精神对创客教育制度的影响也日益增强，日益丰富创客文化。

二、高职院校创客文化特点

创客文化特点指文化功能的发挥受到创客文化对创客教育的影响。中华优秀传统文化影响着教育观念、教育需求、教育发展，社会积累的文化资料和内容成为教育资料与教育内容的来源。高职院校创客教育资料和内容取材于社会文化的累积，并对其选择和利用。文化是人类创造的产物。创客文化是创客积累的产物。创客文化的传承性、选择性、融合性和创造性，构成了创客文化的特点，具体如下所述。

（一）传承性

高职院校创客主要以学生为主，形成了具有高职院校特色的创客文化，因学生周期轮换性，所以创客文化具有传承性的特点。创客文化传承性有纵向和横向两种方式。纵向传承主要表现在时间的延续，创客项目因创客团队毕业将其传承给下一届团队继续经营；横向传承主要表现在空间的流动，不同创客项目团队成员之间相互流动，加大了新老成员的交流机会，使创客文化由一个项目团队传向另一个项目团队，经营理念、价值观相互碰撞，从而形成新的文化结构和精神品质。更有甚者，以创客文化为纽带，由一个国家传递给另一个国家，使创客文化得以保存和传承，实现没有国界的创客育人效果。

大学生创客文化表现为四种形式，即物态文化、制度文化、行为文化和精神文化。每种形式的传承方式是不一样的。物态文化可以借助物质实体，如创客空间、创客加速器等创业实体基地进行。制度文化是一个国家或组织对于创业的态度、价值观及行为规范的表现形式，如国家、地方政府、学校出台的政策等，通过激励的措施，让更多的人投身于创客运动中。在创客训练过程，创客对教师行为进行模仿，以及对创客典型的行为模仿，从而形成了行为文化。仅通过前三种文化只是将创客的精神以外在化的方式保存下来，但是对精神文化没有触及。因为一方面精神文化的存在物是抽象的，还需要人的理解；另一方面，精神文化培育路径、精神文化濡染等，只能通过传承才能进行延续。所以，无论哪一类文化的传承，都离不开中华优秀传统文化的力量。

（二）选择性

文化选择性是对某种文化的自动选择或排斥。创客文化选择性为创客提供行动方向或选择方式。高职院校以育人为第一要务，创客教育不是简单地鼓励学生办企业开公司，而是培养具有开拓进取精神，解决社会问题的能力。创客文化选择通常有自己的一套标准。首先，不同文化群体的创客有着不同的学习风格，在创客团队组建的过程中尽量考虑到不同的文化取向、经历，使其创客过程趋于一致；其次，按照创客智力、情感、文化和道德的发展需要，系统地、科学地选择创客文化，再对这些文化在创客行动中进行改造。创客文化选择一般分为吸收和排斥两种形式：吸收是对中华优秀传统文化的借鉴吸纳，并进行肯定性选择；排斥是对外来文化糟粕进行抵制，并进行否定性选择。对浩渺的文化进行有针对性的选择，正是创客文化的特点。高职院校构建的创客培养体系是面向所有学生，创客活动的成败以激发学生利用专业知识进行探索精神的培养、创新能力的提升来衡量。创客文化选择过程，暗含了以“真善美”的标准对现实文化的批判，搭建创客成就的“脚手架”。

（三）融合性

文化是在一定历史时期特定地域人们的思想、情感和行为的表现形式，由此可知文化具有区域性。然而，全球经济一体化，各个国家开放程度越来越高，使得政治、经济、文化各方面也走向开放，因此，各个国家之间、各个区域之间的创客文化交流成为必然。而创客文化融合也是创客文化交流的产物，它表现为不同创客文化的相互交流、相互吸收而趋于融为一体的过程。

高职院校的对外交流与合作，也使创客文化在传递过程中不断地相互吸收和融合。创客文化的融合性主要表现在三个方面：第一，打破专业封闭现状，跨界融合，进行跨界学术交流活动，促进不同专业文化间的相互吸收、相互影响，对本土的文化进行变革、改造，融合新的创客文化，增强高职院校创客文化内涵和生机活力；第二，成立创客社团，利用新媒体形式，如公众号、短视频等，以社团的形式对创客文化进行推广，吸引更多的同学参与其中，营造创客文化就在身边的氛围；第三，搭建创客资源转化平台，组织创客文化论坛、创客沙龙，推动科技成果转化。不断提高创客的动手能力，为参与创客项目提供更广阔的发展空间。创客教育的过程，作为创客文化学习的过程，不是对创客文化的简单复制，而是对创客文化的重构，经历这一过程之后，实现了创客文化的融合。创客文化的融合，不是来自不同特质文化的简单叠加，更不是你存我亡，而是创客文化的创新迭代，从而实现创客文化质的变化，促进我国高职院校创客文化的兴盛繁荣。

(四) 创造性

文化的发展，不仅需要传递和保存已有的文化，更需要创造性地发展文化。没有创客文化的更新和创造，就没有创客文化的真正发展。创客文化创造性通过以下三个方面来实现。首先，创客文化通过整合文化信念，提高文化品位，拓展文化空间，强化文化关系，使其高职院校创客教育更能适应社会发展变化的需要，形成具有高职院校特色的创客文化特质和体系，使创客文化不断地进行迭代升级。其次，创新创业课程供给体系的创造。教师在教育活动中扮演着知识创造者的角色，这个群体也是创客文化的生产者，他们通过科学研究创造知识。根据创客项目的特点，对创客进行分层，站在未来社会发展需要的高度，培养创客的创造能力。最后，创客文化创造性最根本的途径就是创造性地进行人才的培养。

建立学生需求导向的创新创业体系，并阶段性地进行动态调整，对学生的需求进行聚类分析，真正地实现因材施教，培养创客的创造力，在平凡的岗位上进行岗位创业。

三、中华优秀传统文化融入创客文化的夯实路径

新时代是创业的时代，创客文化是新时代的灵魂。高职院校创客文化要适应社会发展需要，以培养各类专业人才为己任，它并非当前社会特有的新生事物，而是以创客发展轨迹一直存在，我们可以从中华优秀传统文化当中找到创客文化的土壤，并从中来挖掘创客的创业精神。

（一）激发文化兴趣，增强高职院校创客的使命感

1. 培养大学生创客文化兴趣，推进创客素质养成。打通创新创业教育壁垒，实现一体化，借力数字化改革浪潮，引导创客将小我梦想融入大我情怀，共享信息技术成果，将自我发展置身于中国大势和世界潮流之中。制定创客教育培养目标理念和评价体系，塑造自由的兴趣观念，尊重不同层次、不同方面、不同走势的成才标准，加强对分阶段、系统性、全方位的创客教育，关注学生的文化背景、兴趣爱好，将个人创新创业意识和精神培养升华为国家创新驱动发展需要，通过激发创客文化兴趣，唤醒人对真善美的认识与理解，逐渐实现教师一人“独乐乐”变为师生“众乐乐”，不断激发、培养创客的意识和思维。

2. 重塑人才培养理念，设置科学化课程体系。重塑人才培养理念既是培养单位自我发展的内在动因，也是实现自我、展示自我、张扬自我的基本动力。倡导人才培养理念的开放，融入中华优秀传统文化，实现以文化人、文化育人的作用，注重对学生实际能力获得的养成与锻造，培养学生掌握创新思维和创新方法，增强学生学习的自主性和自信心，打开人才培养的多种可能性。研究制订完善课程体系一体化的整体规划，根据学情特点及中华优秀传统文化进行二次重构，开发符合各个层次创客特点的创新创业课程，交叉课程和独立课程、理论课程和实践课程并重，提升各个层次的创客综合实践能力。

3. 塑造自由人格发展，强化职业化生涯规划。塑造自由的教育对象，重视

培养学生“不愤不启，不悱不发”的自我探索意识，倡导学生依据社会需求、自身兴趣特点、事物发展规律，对创客教育的内容、实施方式、手段等进行灵活组合，营造“打破定式、敢为人先、谋求创新”的良好氛围。推动自由人格与职业生涯规划相结合，强化行业领域认知和岗位创业，培养学生思辨、批判与归纳能力，分阶段明确学生职业生涯规划过程中的自我认知程度，学会在反思中认识知识、掌握和运用获得知识的方法与途径，不断明确职业理想信念，把创新精神与创业能力、爱岗敬业结合起来，能做到在反思中推进对知识的理解，提升今后职业成长的自觉意识。

（二）参与文化体验，增强高职院校创客的参与感

1. 体验家庭文化，塑造价值追求。家庭是人生的第一所学校，家庭文化熏陶对孩子的成长至关重要。家长扮演第一任老师，让孩子系好第一粒扣子。优良的家风、家规、家训是中华优秀传统文化的重要组成部分，抽象为家庭文化，具体表现为勤俭节约、诚实勇敢、尊敬长辈、热爱国家等。社会的不同发展阶段，有着不同的家庭文化；同一社会，每个家庭所处的不同发展阶段，也有着不同的家庭文化；有什么样的家庭文化，就有什么样的精神状态和价值追求，个人家庭文化吸收的过程就是个人社会化过程。弘扬中华优秀传统文化，传承优良家风家训，做到知家训、守家风、传经典。将其植入大学生创客的内心深处，并不断地进行升华，形成独特的人格特质，成就辉煌事业。

2. 体验学校文化，提升专业能力。为了实现在学校进行创客文化体验，学校的创客文化氛围营造很重要。校史、校训、校风是中华优秀传统文化的集中表现。校史呈现了一个学校的沧桑巨变，表现了学校的精神；校训是学校的灵魂，表现了学校的气质；校风是学校的一种风气，表现了学校的性格。学校团组织是一个重要的纽带，它的作用是多元化参与文化体验，不断激发创客的双创兴趣。根据不同学生群体的经历、社会文化、学习特点等，努力架设一座通向中华优秀传统文化的桥梁，组织建立专业创新型、应用推广型、项目孵化型、创业体验型等社团，定期开展社团文化交流活动，或不定期开展团建，引导学生利用专业优势开展创客教育，进行专创融合的探索，营造创客文化氛围，激发学生的潜能，

投身国家双创教育事业，托起学生的“青春梦”“强国梦”。

3. 体验企业文化，开发职场潜能。企业文化是创业文化萌生、发展的肥沃土壤，也是实现精神感染的重要平台。基业长青企业的文化秘诀是“无为而治”“善待员工”“热爱企业”等，这些都与中华优秀传统文化密不可分，体现出了中华优秀传统文化的“无为”思想、“善”“爱”理念。将企业文化引入校园，用企业的真实问题、真实项目来提升学生的实操能力，帮助学生在实操中运用所学知识，并将知识转化为创业能力。优秀的企业文化是经过企业长达几十年积累沉淀下来的，能够得到社会的广泛认同，会影响人的思维模式和行动方向，让学生在社会环境中感受价值取向一致的企业文化的熏陶，并获得思想意识形态的滋养。高职院校的产教融合、校企合作是重要的路径，为企业文化体验提供便利条件。企业需要的人才会采用实际训练、引导探究等的方法进行，多种方法相互转换，不断提升高职院校学生的职场潜能，解决学生面临的职场难题。

（三）引发文化共鸣，增强高职院校创客的责任感

1. 树立创客文化的新“指挥棒”。中华优秀传统文化蕴含着“共同体”思想，推动构建人类命运共同体。创客文化浸润着工匠文化，是中国优秀传统文化中“日进日新”精神的重要体现。精益求精、追求卓越是现代社会的重要表现。树立创客文化的新“指挥棒”，以学生为中心，促进学生成长、成人、成才，营造良好的创新创业创造氛围，激励一代代创客改良工艺、创新技术，无限地激发高职院校创客潜力。在创客中心、众创空间等场景渗透创客文化，让创客在任何场景都能真切地体会匠心内涵和创业艰辛，着重培养高职院校创新型、复合型、应用型人才，为创客项目提供源源不断的人才供给。

2. 强化媒体文化的传播转化。文化传承创新是高职院校职能之一，高职院校大多依托地方办学，受到社会文化的熏陶和影响，同时又不断丰富社会文化的内涵，是社会价值坐标的具体体现。媒体作为社会舆论传播活动的主渠道，也应成为创客文化宣传的主渠道，关注高职院校创客服务地方产业，通过典型宣传、舆论造势、价值引领，营造崇尚“敢为人先、勇于突破”的社会舆论氛围，其创新创业的灵感也大多来自地方产业。高职院校创新创业活动不仅事关创客个体发

展未来，更包含着家庭和国家的期待，可充分吸收中华优秀传统文化，并将其转化为文化传播的产品，利用不同的媒介方式，引导大学生创客从崇拜权威转向勇于挑战、从执迷成功转向包容失败，激发创客的自觉模仿行为，这将更好地履行服务地方产业发展的重任。

3. 促进非遗文化的创意结合。中华优秀传统文化多以技艺的传承为表现方式，往往以非物质文化遗产的形式存在。高职院校的创客在项目选取上可以与当地的产业文化相结合，承担着一些非物质文化的传承也是创客的使命。如推动非遗文化进校园，让在校生感受到中华优秀传统文化的魅力；创客走出校园接触非遗文化，与传承人沟通交流，体验非物质文化遗产的制作过程，将非遗文化用现代技术手段记录下来并传播出去。通过一系列的活动，将成果分享给更多的人，让非遗文化入脑入心。因此，高职院校创客项目可与非遗文化进行创意性的结合，彰显大学生创客的担当和为世界谋大同的胸怀。

（四）共享文化成果，增强高职院校创客的成就感

1. 坚持政策制度化的创客文化培育。制度是行为规范和具体准则，是政策的具体化，政策是方向和目标，是制定制度的基础。产教融合、校企合作政策一直是高职院校的风向标，其是对创业基本态度、价值理念和行为规范的集中反映，以政府为主导，从创业资金、创业场地、创业能力等方面提供保障，促进创新创业型人才培育。制定创客分类孵化制度、创客效果转化制度和创客激励制度，对创客实践文化坚决克服“五唯”的顽瘴痼疾，回归到学生动手能力培养。同时，制定可评估的评价制度，对创客实践活动进行评价，切勿做成量化实践活动，一旦进行量化，极有可能将创客教育带偏。同时创客实践活动探索形成一个个鲜活的案例，每一个案例形成一个案例集，并用制度将其固定下来，将中华优秀传统文化元素提炼出来，通过激励和支持制度等人文关怀给予创客专业支持与职业帮助，同时也有助于创客对项目的情感注入，为树立正确的价值观导向提供参照标准。

2. 推动校企文化的交融碰撞。创客要想在激烈的市场竞争中立足，在校的历练是必不可少的。高职院校与企业有着天然的互补优势，可以通过“厂中校、

校中厂”等形式，夯实实践教学基地，聘请企业技术骨干为双创导师，使创客在学中做、做中学，解决企业遇到的真实问题，并将知识应用到实践。这个过程正是校企文化碰撞的过程，创客在这个实践过程中学习企业先进的生产技术、高效的经营手段和丰富的企业文化。校企文化交融既为大学生创客提供样板经验和精神滋养，又实现了创业带动就业，增强了大学生创新创业的自信心。

3. 立足乡村振兴的创客项目带动。乡村振兴战略是国家的重要战略，既关乎国计民生，又关乎党的工作重心。高职院校承担服务乡村振兴战略的社会使命也是义不容辞的，围绕着乡村振兴战略，推出一批批创客项目，为当地农村办实事，为当地农民谋幸福，将眼光放在解决乡村建设发展的实际问题，以开展推动乡村旅游、直播电商、乡村环境治理、返乡创业者培训等实践活动为载体，为乡村振兴战略落地摸索出一条可复制、可推广、可借鉴的创业模式。

第三章　高职院校专创融合教育实施路径

第一节　创新创业师资队伍构建

创新创业教育经过近20年的发展，打造双创理论知识扎实、教学科研能力优良、创业实践能力夯实，理实兼具、专创融合、校企融通的“双师型”创新创业师资队伍，是新时代高职院校创新创业教育改革和建设高素质导师队伍的必然要求。

一、高职院校创新创业师资队伍结构及特点概要

（一）重塑创新创业导师素质能力模型，全面提升人才素养

在创新创业师资结构不合理、师资管理尚显不足、师资培训有待提高的背景下，高职院校更要“返璞归真”“不忘初心”，再次重塑创新创业导师的素质能力模型，只有明晰了创新创业导师的素质能力标准，才能在选拔创新创业人才队伍时有的放矢，才能组建素质优良、结构合理的双师多能型创新师资团队，夯实高职院校高质量培养人才的关键环节。作为高职院校的创新创业导师，除了具有创新创业导师的基本素质，还要具备高职院校导师特有的实践能力素养。

1. 职业道德素养

导师职业道德贯穿教师从事导师工作始末，至关重要。导师职业道德素养主要包括导师职业理想、导师职业责任、导师职业态度、导师职业纪律、导师职业技能、导师职业良心、导师职业作风和导师职业荣誉八个因素。笔者在这里就不展开描述和讲解了，这是导师入行的必修课，也是岗前培训的必选安排。

2. 知识素养

创新创业教育涉及的内容十分广泛，它是一门将教育学、社会学、信息学、心理学等学科的相关知识结合起来的综合、复杂的教育活动，所以要求创新创业导师知识面不仅要有广度，还要有宽度，更要有深度，他们不仅要有扎实的理论知识，还要有丰富的专业知识，更要有一般文化知识和社会知识，这样才能更接地气地指导学生服务社会。除此之外，教师还要具有丰富的实践知识。创新创业本身是一个实践过程，只有导师拥有丰富的实践知识，才能更好地指导学生实践。

3. 能力素养

第一，具有扎实的教学能力。对于老师来讲教学是最基本的能力，但是在创新创业的教学过程中，对导师的教学能力提出了更高的要求，导师在教学过程中不但要传授学生创业知识和理论，更要站在高起点启发学生、引导学生。

第二，具有较强的科研能力。科研同教学一样，都是导师的重要工作，只有在日常教学中多思、多想、多改进，才能提高科研能力；反过来，科研也会反哺教学，提高教学质量；同时，导师的创新创业能力有赖于较强的科研能力。

第三，具有较强的创新思维能力。创新创业导师应善于学习，善于接受新知识、新文化、新事物，善于用理性的思维分析问题，善于用创新的思维去解决问题。尤其在知识爆炸的年代，知识更替、迭代速度非常快，多媒体技术、信息传输技术、数据库技术、虚拟现实技术等信息技术发展迅猛，整个社会向信息化、网络化、数字化趋势发展。创新创业导师只有接受这些新知识、新技术，把握时代发展趋势，才能在教育领域创新。另外，在教学方面，也应结合高等职业教育的规律和特点，创新教学理念、教学模式、教学方法，拓宽教育资源，并且真正落实到人才培养去。

第四，具有突出的创业实践能力。高职创新创业教育的人才培养目标就是要培养生产一线具有动手能力和专业技能的实用综合性人才，那导师就应该不仅是教学科研的能手，更要是创业的实践者和实操者，对创业的模式、流程轻车熟路，才能更好地引领学生创业实践。此外，还要有较好的专创融合的能力、良好的沟通能力、较强的组织管理能力等。

（二）细化创新创业导师分类，合理优化师资结构

在明晰了高职院校创新创业导师职业素养要求之后，教育者亟须了解目前高职院校创新创业导师的师资结构情况，包括教师的来源、专业技术职务情况、工作内容、素质能力、师资管理对象等，并通过具体深入分析以上内容，呈现高职院校创新创业师资团队概貌，以期为进一步优化师资结构提供理论基础。

1. 根据创新创业教师来源来分类

创新创业导师主要由专职导师和兼职导师组成，专职导师主要负责课程的研发、培训、教学工作。兼职导师的来源比较广泛，分为校内兼职导师和校外兼职导师，校内兼职导师主要来自其他专业专任导师、辅导员群体和行政教辅类导师；而校外兼职导师主要来自优秀企业管理者、创业成功者、各领域的创业专家。校内兼职导师一般负责教学工作；校外兼职导师除了负责部分的教学工作之外，还承担创业实践培训的工作。一般专职导师都是“双师型”导师，具有扎实的创业创新的理论基础与教学能力，且具有创业的实践背景，比如企业实践经历等。兼职导师分为不同的类型，有教学类、企业实践类、创业实践类等，其中只有少部分导师具备“双师型”导师的素质。

2. 按照专业技术职务进行分类

高职院校专业技术职务可分为教授、副教授、讲师、助教。以上各类职称都需要以评审或认定的形式取得。不同的学校对各类专业技术职务有着不同的条件限定，但大多主要包括思想政治表现、工作表现、学历资历条件、继续教育条件、“双师”条件等内容，其中工作表现主要体现在专业技术工作能力（含聘任专业技术职务以来的评教情况、授课量、指导青年教师情况、参与学校重点工作情况）、标志性成果（体现个人水平的成果，含教学类、科研类等）、选择性业绩成果（个人擅长领域的成果，比如教学能力类的获奖竞赛、指导学生类的获奖竞赛、课题研究、论文发表、教材、著作、社会服务等）。

3. 按照教师工作内容的不同分类

从教师的工作内容角度可分为教学科研型、专任教学型、专任科研型、社会服务与技术推广型等。高职院校按照教学、科研、社会服务工作量的不同对专任

教师进行分类管理，教学型以教学工作为主，承担少量科研工作；教学科研型以教学工作为主，承担一定的科研工作；科研型在承担一定的教学工作基础上，主要开展科学研究、科技开发、技术成果推广等工作；社会服务与技术推广型在承担一定教学、科研工作量的基础上，主要开展农业与工业技术推广、公共政策与其他科技咨询、医疗服务及教育培训等社会服务工作。

4. 根据教师的素质能力进行分类

从教师在创新创业师资团队中承担的角色及其具有的与角色相匹配的能力素质方面可分为以下四类。

一是启发型创新思维导师。这是导师的最高级别，其不仅具备非常优秀的创新创业教学能力、教研科研能力、创新创造能力，还具有引领学科发展的高瞻远瞩的能力和引导学生主动思考、最大限度地激发学生潜力和创造性思维的能力。

二是工匠型创新实践导师。其具有较强的创新创业教学能力、教学科研能力与创业实践能力，但更注重的是立足学科专业知识，以行业企业需求为导向，引领学生弘扬工匠精神，开展知识创新和技术创新实践，促进创新创业教育与专业教育深度融合。

三是教练型创业实践导师。其是兼具教练和导师双重属性的创新创业专业技术人员，具有创业实践能力、教学科研能力与自我发展能力，能充分挖掘学生创业潜能，合理评估与规避创业风险，持续提供个性化创业指导和耐心陪伴，助推学生创新创业项目走向市场，实现以创业带动就业。

四是咨询型创业指导老师。具有创业实践能力或扎实的创新创业理论基础或有某方面的专业特长，能在某一方面或者某几方面给予学生专业有效的指导。

5. 根据创新创业师资管理对象分类

根据创新创业师资管理对象分为教师个体和教师团队。教师团队一般包括教学团队、科研团队。教学团队按从事专业建设的内容和团队的规模等方面进行细分，分为课程教学团队、专业教学团队、专业群教学团队。科研团队从承担的纵向、横向项目的学术理论、技术研发和应用服务等来划分，分为创新学术团队、应用服务研发团队、重大研发团队等。

由上述分类分层情况，各高职院校可根据自身创新创业教育的发展需求，合理规划各类别中各要素的比例，优化创新创业教师的师资结构。

二、创新创业专职导师成长路径

（一）创新创业专职导师定义界定

在“大众创新，万众创业”的思想引领下，围绕国家职业教育改革总体目标，各高职院校纷纷设置了专门负责创新创业工作的独立的机构（将其命名为创新创业学院、创新创业指导中心）等，并配置了专职的教师和工作人员。

创新创业专职导师的任务主要是面向全体学生开展创新创业教学，使学生掌握创新创业的基本理论，培养学生的创新意识和创业精神。另外，对愿意创业的学生提供 VIP 指导，在虚拟或真实的环境中开展专业的培训和实训。除此之外，创新创业专职导师还承担校内专业兼职导师、行政教辅兼职导师、企业兼职导师的培养培训工作，帮助这些校内外兼职教师掌握创新创业的专业理论与创新创业实践方法，以便兼职教师更快速、更高质量地补充到创新创业的师资队伍中。

（二）创新创业专职导师培养

随着创新创业教育的不断发展，专职导师师资的匮乏成为创新创业教育当前面临的最大挑战之一。如果想解决师资紧缺的问题，必须加强“外引内培”，组建数量充足的“双师多能”型创新创业专职教师队伍。

1. 创新招聘模式、拓宽招聘渠道，做好“外引”

高职院校引入创新创业专职教师，不但要创新招聘模式和标准，还要积极拓宽招聘渠道。招聘标准中一定要改变唯学历论的倾向，不但加大实践经验的占比，更要注重创业经验。围绕着“走出去，引进来”的思想，拓宽教师来源，一是具有创新创业知识结构的高学历背景的年轻教师；二是具有创新创业经历的专业背景的中年教师；三是具有丰富创业经历的社会人士或者企业家等。除此之外，还可以在校内的兼职导师中选拔，选拔时也要兼顾创新创业教师能力素养标准，不但要注重导师的创新创业基础理论，还要重视导师的创业实践能力，既要具备创新创业教育思维，又要具有较强的教学能力、科研能力、社会服务能力等。

2. 构建针对性强的专职教师培训体系，做好“内培”

随着双创的不断升级，对创新创业导师提出了更高的要求和挑战。高职院校亟须建立有针对性、专业的、系统的专职创新创业师资培训体系，全面有效地促进创新创业教师理论、实践能力的提升，培养适应双创的社会化人才。创新创业师资培训体系，从培训进程上可以分岗前培训和岗后培训，从内容上可以分为专业化培训和社会实践锻炼。

岗前培训是在专职创新创业教师走上岗位前进行的系统培训，主要包括以下三方面内容：一是通过一系列教师理论课的培训，包括“高等教育学”“高等教育心理学”“高等学校教师职业道德修养”“高等教育法律法规概论”“现代教育技术学”“教育教学技能”六门课的学习，让创新创业导师具备作为一个老师应该具备的最基本的教育教学认知和技能；二是要通过一个学期的导师“一对一帮扶”，让新老师尽快胜任创新创业教学工作和科研工作；三是通过创新创业理论知识、相关业务的定期培训，不断更新教师的创新创业理论知识储备，丰富教师的创新创业经验。

岗后培训是在专职创新创业教师走上岗位之后进行的系统培训，主要包括以下四方面内容：一是通过各种形式的企业实践提升创新教师的实践水平，比如考察观摩、业务培训、顶岗实践、到企业实践锻炼等方式；二是通过深度的校企合作，搭建企业实践平台，给创新创业教师更多的实践机会；三是邀请行业企业高精尖人才来校开展创新创业专业培训，更新教师创新创业教学案例，与时俱进；四是依托创新创业孵化器、创业园、创新创业学院等机构，模拟实践教学，提升教学水平的同时积累实践经验。

专业化培训是用来解决创新创业师资专业化水平不高的问题，可以定期在校内开展全员专业化培训，比如邀请校外的创业达人、产业精英来校开展讲座，分享创新创业经历；又如跟某一成功的创新创业教育实践基地联合开展教师培养，定期轮流输送教师到企业开展培训；抑或定期开展创新创业虚拟教研室间的学术研讨等，加强学术交流与合作。社会实践锻炼主要解决创新创业师资缺乏创新创业实践经验、缺乏实践能力的问题，对此学校应积极推进企业实践制度，搭建企业实践平台，落实企业实践评价机制。在合理安排企业实践时间的基础上，让教师可以通过多种企业实践形式进入企业进行锻炼，使得教师了解企业文化、企业生产方式、产业发展趋势等，熟悉企业的岗位职责、操作规范等，学习企业新知识、新技术、新标准等，结合企业实践完善创新创业教学方案、改进教学方法等。

三、创新创业专业导师发展路径

（一）创新创业专业教师定义界定

创新创业专业教师，定位于基于学科专业的创新创业教育教师。其主要是面对本专业学生，开展创新创业专业教育，加强创新创业教育与专业教育的融合，强化理论知识与实践技能的结合，重点培养学生的创新精神、实践技能和创业潜能。

（二）创新创业专业教师培养

专业教师主要是面对各学科专业的学生开展专业知识和专业技能的教育教学，是各高职院校师资队伍的源泉和主阵地，也是各高职院校长期以来师资力量建设的重中之重。

1. 提高专业教师对创新创业教育的认识

为有效提高创新创业教育质量，就需要专业教师充分认识到创新创业教育对于高职院校学生发展的重要性，而且在教学的过程中，积极促使专业教育与创新专业教育之间的相互融合。创新创业教育要依托专业教育已在全社会达成共识，专业是创新创业的基础，而创新创业是专业的实践。此外，在创新创业教育教学过程中，教师需要转变教学模式，改变教学方法，积极引导学生参与教学的整个环节，摒弃传统的满堂灌的课堂模式。并且在实际教学过程中，教师要以培养学生为重点，从根本上提高学生在课堂教学中的主体地位，从而促进学生与教师的互动，最终达到提高教学效率的目的。

2. 探索培养创新创业专业师资途径

为了形成高职创新创业教育师资的长效发展机制，职业师范学院作为高职院校师资培养基地，应该从学科和专业建设的角度发展我国的创新创业教育，积极探索建立不同特色的创新创业专业，增强教师的归属感和发展动力，建立创新创业教师终身职业平台。例如，在各工程学科或专业下设立工程技术创新创业教育研究方向，培养具有教育工程技术背景的创新创业教育专业教师，赋予创新创业教育教师职业归属感、成就和身份。

3. 加强创新创业专业教师的创业理论和创业实践能力

创新创业教育的内容是与时俱进的，与社会发展紧密相连，创新创业教师要有与时俱进的心态，不断更新自己的知识结构，并且还要不断应用和实践、总结和提升。高职院校也要为创新创业教师多提供外出培训和交流的机会，通过参加各地专创融合培训、师资培训、学习交流，更快地提升教师创新创业理论知识。

提高创新创业专业教师的实践能力，可以邀请优秀的企业家、创业成功人士开展创新创业讲座。同时高职院校的专业教师也要进行足够时间的实践培训，各学校可规定新入职的教师须到相关企业进行实践锻炼至少半年的时间，用以增加教师的实践经验和实践工作经历。还可以加强与企业的联合开展创新项目，共同构建“产学研一体化”创业基地，创新创业专业教师通过参与项目，切实提高自身实践能力。

4. 建立创新创业教育教学团队

目前在国内存在众多的创新创业教育兼研究机构，但还不存在标志性的具备行业影响力的老师团队。可以通过整合校内优秀教师资源，从而形成跨越多个学科门类的教师团队，用团队的研究成果反哺教学，形成不断改进创新的教育循环体系来保证创新创业教学质量的持续提高。针对跨学科创新人才培养需求，应激励、支持重点建立跨学科创新创业教育教学团队，为学校创新创业人才“特区”建设提供师资保障。

5. 全面优化考核评价机制

随着创新创业教育的发展，各高职院校也纷纷建立起独立的专门的创新创业机构，除了需要建立权责明确的领导管理体制，还要建立针对创新创业教师的考核评价机制。为了激励创新创业教育教师队伍高质量成长，在制定教师考核标准时，可将创新创业教育融入专业教育的成果与教师职称评定、岗位聘任、评优评先等挂钩，教师在得到了应有的地位和认同后，做起工作来才更有动力。

四、创新创业企业兼职导师培养途径

（一）创新创业企业兼职教师概念

创新创业企业兼职教师，主要来自职业技术学院聘请的优秀创业者、成功创业的企业家、风险投资人和各行各业的杰出人士，他们担任创新创业课程导师，通过举办讲座、沙龙、专题研讨会、创新创业课程讲授等多种方式进行创业指导，以提高大学生的创新思维、创业意识和创新创业能力，强化创业实践，进一步激发学生的创业热情。

（二）创新创业企业兼职教师的意义

企业兼职教师是高职院校借助社会资源而扩充的师资队伍，也是高职院校创新创业教育师资队伍不可或缺的力量。对于高职院校的创新创业教育来说，聘请企业兼职教师具有非常重要的意义，他们可以优化高职院校创新创业教育师资“双师”结构，大大弥补专职教师数量的不足；把企业、行业、产业前沿发展的动态快速、高效地融合到创新创业教学中，促进专业知识技能流动，提升实践课程教学效果；兼职教师作为企业与高职院校间的“沟通桥梁”，不但可以增进校企合作的紧密度，还能拓宽高职院校学生就业渠道；不仅可以增加教学资源，还能在一定程度上提高学生的就业率；传授企业行业的职业道德和企业文化，培养学生的职业素养、劳动精神、工匠精神。兼职教师对学生的影响不仅体现在专业技能知识的学习，更重要的是兼职教师个人在企业中所扮演的“职业角色”及所具备的“职业素养”对学生的“隐性”教育作用。

（三）创新创业企业兼职教师的培养

在大众创业、万众创新、工匠精神教育等大环境下，兼职教师的示范效应也不容忽视。要在高职院校中引进知名企业家等行业中的佼佼者担任创新创业导师。为此，兼职教师应参与到设立“创业学院”、创建创新创业课程体系、实施各类创业技能培训和创业竞赛、振兴工匠精神等各个环节中，在强化专业课教学质量的前提下，要通过各种形式的创新创业教育和教学活动，突出其“职业榜样”的身份，发挥其在受众中的示范效应，从而推动大学生就业、创业。

1. 加强企业兼职教师的规范管理

要对企业兼职教师进行规范管理，首先，在企业兼职师资选聘上，依据学科建设、行业需求，在充分考虑与企业、行业和产业融合的基础上，制定灵活的师资选聘制度和完善的协调机制，一方面，规范约束兼职教师的师德师风；另一方面，围绕专业和项目需求，明确企业兼职教师在教学、项目参与、师资协作及薪金报酬等方面的具体安排，提升企业兼职教师的参与力度和服务质量。其次，加强对企业兼职教师的改进，对其发展目标进行细化，对共享数据平台上的企业兼职教师个人发展数据进行采集、监测和分析，促进其自我成长。最后，加强对兼职教师研究成果的认定，促使其成果转化，促进其专业化程度持续提升。

2. 完善企业兼职教师培养保障体系

教育教学能力是企业兼职教师的薄弱环节，因此，对他们加强教育教学方面的培训就显得尤为重要。首先，搭建企业兼职教师与学校教师之间的双向流动交互式的平台，实现对等交流、优势互补，提高企业兼职教师的教育教学水平，优化企业兼职师资。其次，教师发展中心要在教师职业道德、职业教育理论、教学规范、心理学、相关法律法规等方面对兼职教师进行培训。最后，持续优化培训的内容，针对不同层次不同级别的教师采用不同的培训内容和培训方法，实时监控培训效果数据，及时向兼职教师反馈评价结果，满足企业兼职教师不同发展阶段的提升要求。

3. 落实企业兼职教师评价激励运行机制

要想提高企业兼职教师的内驱动力，落实科学合理的考核评价激励机制是至关重要的。首先要完善考核评价体系。实行差异化企业兼职教师管理模式，分层分类设置评价标准，丰富教师评价指标，制定企业兼职教师考核评价办法，以确保评价结果的公平公正。还要完善奖惩激励办法，优化企业兼职教师薪酬分配体系。企业兼职教师的建设成效是以教学水平和科研成果转化率为标准，以兼职教师参与产教融合、校企合作深度等进行绩效工资动态调整，实现多劳多得、优绩优酬，从而激励企业兼职教师自我改进和持续提升，实现企业兼职教师队伍的优化。

五、行政教辅兼职导师助力创新创业教育之路

（一）创新创业行政教辅兼职导师概念

创新创业行政教辅兼职导师，是高职院校从事行政事业、辅助教学、科研的工作人员及从事学生工作的辅导员。在创新创业师资队伍紧缺的情况下，行政教辅兼职导师是创新创业师资队伍的重要补充力量。

（二）创新创业行政教辅兼职导师的培养

开展大学生创新创业教育不仅需要专业的创新创业师资力量，也需要行政教辅兼职教师的引导和组织实践活动，尤其行政教辅兼职教师中的辅导员与学生的关系较为密切，在开展创业教育中更起到引导者、开导者的作用。所以从这个层面来讲，要发挥行政教辅兼职教师的优势，助力创新创业教育发展。

1. 发挥行政教辅兼职教师的引导者作用

激发大学生的创新创业意识是创新创业教育中的核心内容。在学校里，辅导员与学生之间的关系比较密切，而辅导员又是一名引导人。因此，要积极发挥其指导作用，激发大学生的创业精神。在日常教学中，行政教辅兼职教师要向学生们讲解创业的重要性和价值，让他们在不知不觉中接受创业的知识，并逐步培养他们的创新意识，积极参与到创新创业活动中。

2. 发挥行政教辅兼职教师的活动组织作用

行政教辅兼职教师相对于专职、专业教师来说，最大的优势就在于各项活动的组织能力，他们在日常工作中练就了严谨、负责的工作态度，所以在开展大学生创新创业教育中，应该充分发挥行政教辅兼职教师在活动组织方面的作用。首先，组织各类创新创业讲座，做好相关宣传和动员工作，以鼓励大学生参加诸如创业竞赛的创业活动。其次，可以采用海报、微信、微博等形式，通过抖音、校园广播、宣讲会等方式，让学生了解创新创业的益处，激发他们的学习热情，积

极参与到创新创业活动中。除此之外，在活动中适时地提供心理辅导，当学生有困难时，要给予鼓励。最后，行政教辅兼职教师可以参与创建学校的创业基地，为学生提供实践活动的空间，并以创业项目的形式向企业提出申请入驻创业孵化基地的资格，行政教辅兼职教师还可以为其提供相应的帮助和辅导。

3. 发挥行政教辅兼职教师的服务作用

行政教辅兼职教师也可以利用自身优势（政策把握），收集创新创业相关的政策、创业的流程、创业项目的选择等信息，在对学生开展创新创业教育时，为学生提供创新创业服务。行政教辅兼职教师可以合理安排自己的工作时间，组织同学参加创业交流会、头脑风暴等创业创意分享会，为学生提供创业思路，并根据学生创业团队的差异性特点，提供专业性的创业服务和指导，指导学员选择创业项目，撰写可行性分析报告、策划书等。

4. 合理分流，拓宽自我发展渠道

基层的行政教辅人员难以通过干部选拔任用的渠道晋升成长，只有通过多岗位的锻炼或学历、职称提升，才有可能出现在备用人才之列。行政教辅兼职教师也可以通过创新创业教育的尝试，转变思维，积极求变，努力学习创业知识，锻炼创业实践能力，向创新创业专业化和职业化发展。

六、建设专兼结合、专创融合、校企融通的创新创业师资队伍

基于对专职导师、专业导师、企业兼职导师、行政教辅兼职导师的定义、特征、培养等方面的阐述，下面将会就如何建设专兼结合、专创融合、校企融通的创新创业师资队伍进行探讨，需要从以下六个方面着手。

第一，高职院校应围绕高质量人才培养做好顶层设计，明确各类导师的职责。首先，各高职院校根据深化创新创业教育改革的新要求，重构人才培养方案，将基础教育课程体系、创新创业教育课程体系和专业教育课程体系有机融合起来，构建科学的课程体系。其次，依据新的人才培养方案和课程体系，完善专职导师、专业导师、企业兼职导师、行政教辅兼职导师的职能定位、任务、分工与职业生涯培训体系等。

第二，完善创新创业师资队伍的绩效考核制度建设，面向专职导师、专业导

师、企业兼职导师、行政教辅兼职导师，分类别、分层次制定绩效考核管理办法，加大创新创业教育的考核评价力度，细化绩效考核标准和考评指标，有效激发专职导师、专业导师、企业兼职导师、行政教辅兼职导师从事创新创业教育的主动性和内动力；加大教学质量的考核评价力度，量化教学质量的考评指标，把创新创业教育教学能力和教育质量作为晋升高一级职称的必备考核指标；强化科研与教学的关联度，重视科研成果的质量而弱化其数量；加大专业教师的创新创业教育培训力度，未参加培训的专业教师，不得参与高一级的职称评审。

第三，高职院校应通过“内培”与“外引”，配齐专职教师队伍。制订和实施创新创业教育专职教师队伍培养计划，从专业导师、行政教辅兼职导师中遴选专职教师进行培养；鼓励专业教师转型发展，尤其是青年专业教师转任职教师；要借势校外资源，广泛引进外校优秀的、与专业相关的、愿意从事创新创业教育的毕业生充实专职师资队伍。协调各类型教师队伍力量，基于学科专业打造创新创业教育教学科研团队，充分调动和发挥教学创新型专业教师、技术技能型专职教师、创业指导型兼职教师在团队中的优势和作用，达到专兼协同。

第四，要引导专业教师树立专业教育与创新创业教育紧密融合、培养以岗位创业为导向的创新创业型人才的教育教学新理念；增设学科专业的发展趋势与技术前沿相关课程和专题讲座，介绍学科专业的前沿技术、研究方法、行业发展前景与技术发展方向等内容，为学生的创新创业储备知识基础；鼓励专业教师深入挖掘专业（专业基础）课程的创新创业元素和资源，在传授专业知识的过程中融入创新创业教育。

第五，利用校企合作平台、产学研平台等，有计划地安排专职教师到相关的企业挂职锻炼，培养其产业化的实践能力和对市场信息的掌控能力；鼓励有能力的专职教师带领有创业意愿的学生进行创新创业，在实战的环境中获得真实的体验，在实战中提升创新创业教学能力。

第六，全面保障专职导师、专业导师、企业兼职导师、行政教辅兼职导师各类教师的工资待遇，足额安排各类教师的各项必要的培训经费，特别设立专项经费支持专业教师开展教育教学理论研究，鼓励进行专业教育与创新创业教育教学理念、教学内容、教学方法的研究与实践等。

七、构建创新创业教师五维管理体系

目前，高职院校的创新创业教师分类分层较为粗略，没有考虑个体和团队的发展需要，没有考虑专业教师、行政教辅兼职教师、校外兼职教师的职业发展路径，重视专职教师队伍的加强，轻视专业教师队伍的构建，忽视兼职教师队伍的管理，导致师资队伍类型简单、结构单一、多元化程度不高；重视教师的学历和科研成果，轻视教师的经历和教学质量，导致教师能力素质的复合度不强，等等。因此创建一个高职院校系统化、多维化、精细化、协同性、融合性、多元化的管理体系显得尤为重要。

创新创业教师五维管理体系分为五个维度，分别从管理对象、教师来源、职业发展、教师工作内容、教师能力素质五个维度来设计。管理对象维度分为个体和团队。教师来源维度中，个体的来源分为专业导师、校内兼职导师（含专业兼职导师、行政教辅兼职导师）、校外兼职导师（含优秀企业管理者、创业成功者、各领域的创业专家），团队主要由教学团队和科研团队构成。职业发展维度，专职导师按照专业技术职务进行分层，即为教授、副教授、讲师、助教。校内兼职导师参照专职导师分层，即为兼职教授、兼职副教授、兼职讲师，讲师职务以下的人员不建议做创新创业的兼职导师。校外兼职教师根据其学历、经历、职务职称、创新创业能力等因素，其发展路径为一般兼职导师、现代产业导师、高层次技能型兼职导师、技能大师。

高职院校师资队伍分类分层体系优势如下。

第一，系统化。系统由若干要素组成，各要素相互联系、相互制约，作为一个整体发挥功能，系统的功能大于各要素自身和各要素相加的功能。高职院校师资队伍系统化分类分层是指对高职院校师资队伍中的主体力量进行统筹考虑，从学校办学特色、专业建设、科研发展、校内外专兼职教师个体发展的需要进行整体设计，以便于分类施策、定向发力，对师资队伍进行各要素最优化的管理和建设。

第二，多维化。多维化意味着更多的角度和层面，从一个开放的视角进行观察和思考。高职院校师资队伍多维化分类分层是指从不同维度对师资队伍进行分类分层，例如从教师来源维度分为校内专职教师和校外兼职教师，从教师专业成长平台维度，分为教师个体和教师团队。多维化分类分层可以考虑到教师群体的多元化和发展的多样性，从各个维度对教师进行分类分层管理，有利于激发教师工作积极性，并对其发展起到较好的引导和规范作用。

第三，精细化。精细化是一种现代管理理念和文化，它是社会分工精细化的必然要求。高职院校师资队伍精细化分类分层是指明确细化对师资队伍的分类分层标准，将高职院校师资队伍进行边界清晰的分类，从工作主体角色出发，涵盖校内外专兼职教师。因高职院校教师和行政教辅人员的工作任务及职业发展规律和要求不同，精细化分类分层更有利于各个群体的专业发展。

第二节　平台建设实践与创新发展

一、创新创业教育生态圈的构建与实践

（一）健全创新创业教育体制机制

1. 机构设置

学校成立了专门机构统筹协调学校的创新创业教育工作，构建健全的创新创业教育改革工作机制。成立由校长为组长，副校长为副组长，有关部门负责人共同参与的大学生创新创业教育工作领导小组。从学校整体规划设计创新创业教育工作，研究制订（修订）专业教学质量标准和人才培养方案、健全创新创业教育课程体系、加强创新创业实践基地建设、强化创新创业实践训练等具体工作任务。学校形成多部门齐抓共管协同机制，成立创新创业学院，在学校党委和行政统一领导下，围绕目标、突出重点，成立了“一学院四中心”组织机构，建立了校领导、教务处、学生工作处、科技开发处、校企合作处、就业处、团校委、二级学院等多部门协调联动的创新运行机制。创新创业学院明确专人负责，定期研究创新创业人才教学与研究、组织创新创业专项培训指导、推进创新创业孵化与

扶持、营造创新创业型校园文化氛围、开展比赛训练和指导等相关工作。制订创新创业教育工作年度任务计划，设置专项经费预算，开展项目建设，结合学生专业和兴趣成立对应的创新创业工作室、双创中心、专业创研基地、“产学研创”工坊，全面开展大学生创新创业教育工作。

2. 制度保障

学校坚持落实立德树人的根本任务，制定有效的相关制度，明确创新创业改革任务，从制度机制上推进创新创业教育，并把党建和思想政治教育工作贯穿到创新创业教育全过程。同时，学校加强创新创业教育保障制度，相继出台了学生创新创业学分认定与转换、制订创新创业能力培养计划、建立创新创业档案和成绩单等制度，设置弹性学制，鼓励在校学生开展创业实践；在资金上予以扶持，修订了学生评优规定及奖励办法、技能竞赛管理规定等管理制度，鼓励学生积极开展创新创业实践，并对取得专利或技术创新奖等成果的学生给予相应的荣誉及奖励。

（二）构建完善双创课程体系

课程是高职院校践行创新创业教育最基本、最重要的载体之一，而创新创业教育课程体系建设更是统筹整合创新创业教育过程的核心。创新创业教育多元化课程模块建设能够满足不同创业需求、特点的学生的双创实践需要。面向全校学生开设创新思维、批判性思维及创业基础等通识类课程，设计创新思维训练、创新创业实务、职业发展与生涯规划、职业发展与就业指导等 38 个课程模块，涵盖创新创业基础、财会、税务、管理、生产、营销等多个学科领域，为培养学生的双创能力提供全面、专业性、综合性的课程体系。通过加强课程信息化建设，打破学生学习的时空限制，自主建设一批创新创业教育在线开放课程，推行线上线下相结合的混合式教学模式，并建立创新创业在线开放课程学习认证和学分认定制度。同时，学校要积极建设专创融合特色示范课程，倡导专业教师在教学过程中渗透创新创业理念和知识，将创业知识合理、有序地融入课程章节与知识点；建设专创融合案例库、课件库等教学素材，培养学生的创新创业能力。

（三）加强双创师资队伍培养

创新创业是一项高度复杂、难度较大的社会生产实践活动，因此创新创业教育师资必须同时具有深厚的理论素养、完善的专业知识结构及丰富的实践经验。学校建设启蒙导师、初创导师、成长教练三级创新创业导师队伍。启蒙导师以创新创业基础课程教学团队的校内教师为主；初创导师以创新创业提高课程教师为主；成长教练队伍由创业实践经验和传帮带能力强的高水平创新创业教师、优秀毕业生、知名企业家、创业教练组成。聘请校外创新创业教育专家、有关创业成功者、企业家等构建创新创业“导师库”，同时制定了兼职教师聘用考核及管理办法，规范兼职教师教学过程管理。学校支持专业教师讲授创新创业类课程，通过多种途径支持专业教师指导学生创新创业活动，专业教师参与双创课程教学、教改项目、学生双创竞赛指导、学生双创科研立项、学生创新创业实践活动指导等活动，覆盖率达 100%。同时学校面向教师开展创新创业教育相关培训，近年出台了一系列师资队伍建设制度和创新性措施，提升创新创业教师的教学和指导服务能力。将提高教师创新创业教育的意识和能力作为岗前培训、课程轮训、骨干研修的重要内容，将创新创业能力培养融入教师专业发展范畴。

（四）以竞赛与活动为引领

学校重视创新创业活动的实践育人作用，通过组织、举办各类双创活动培养师生的双创热情与素养能力，以双创竞赛与实践活动为抓手，在实践中帮助师生形成双创认知、强化双创意识、磨炼双创能力、培育双创素养。学校组织学生参加各级各类的创新创业竞赛，注重培养学生的创业意识，致力于发现和培养一批具有创新思维和创业潜力的优秀人才。学校高度重视双创实践活动的育人作用，积极组织举办各类双创实践活动、社会活动及公益活动，实现学生双创能力培养、社会责任意识培养、社会公益能力的统一。学校依托学生专业社团实施人才培养计划，开展丰富多彩的社团活动，学生在自我管理中不断提高。

二、高职院校创新创业创造教育与专业教育融合的优化策略

从创新创业创造教育的发展角度而言，将其与专业教育进行有效融合，是高

职院校促进内涵发展的必然选择，这不仅可以提升学校的人才培养质量，使学生具备良好的创新意识与实践创新能力，还能增强学校专业教育发展的内生动力，使其向更高质量发展。高职院校创新创业创造教育与专业教育的融合势必会经历一个长期发展的过程，其中包括课程、理念、师资、教学等重要影响因素。学校、政府、企业三大主体都应参与其中，协作配合，共同解决我国高职院校创新创业创造教育与专业教育融合过程中遇到的问题。

（一）加强顶层设计，促进认知融合

创新创业创造教育与专业教育的融合首先应是认知上的融合。一方面，政府是创新创业政策的制定者和引导者，应根据社会经济发展的方向和步伐，制定出方针政策，由职能部门根据地方实际情况进行落实和实施。政府作为社会资源的掌控者和创新创业创造环境的创设者，应制定有利于大学生创新创业的激励政策，提供创业资金保障，减少创业风险，营造创业文化环境等。通过制度引导、资金支持等方式促进创新创业创造教育更好地开展，调动行业企业与社会参与大学生创新创业创造、协同育人的积极性；同时也能让师生更加了解、重视创新创业创造教育；另一方面，学校要深刻认识到创新创业创造教育是专业教育向前发展的必然环节，而专业教育是创新创业教育的重要载体，专业教育如果与创新创业创造教育完全脱离，最终就会与社会发展相脱节，就满足不了社会对创新型人才的需求。因此，从学校顶层设计上，就要体现出创新创业创造教育与专业教育的融合关系，从人才培养目标到每一门课程的实施过程，都要贯穿“专创融合”的理念，让这种认知由上至下地进行深度贯彻。并且，这种认知的融合要在广度上从学生到所有教师全面覆盖，不能只是面向学校管理者和创新创业学院的老师，因为真正实施专创融合教育的是工作在教学一线的教师。要让所有岗位的教师深刻理解创新创业创造教育与专业教育在本质上都是为了培养创新型人才，这种培养应渗透于课程内容的设计、教学环节的开展，以及课程考核方法当中。要让学生敢于发现问题，勇于探索，要让学生拥有去挑战、去尝试的机会。在人才培养方案中加入创新创业创造教育内容，以制度保障专创融合的顺利开展，为学生提供更多动手实践的机会，是实现以实践为导向的人才培养模式的基础。

（二）建设创新性融合课程体系

课程是学校教育的核心部分，在创新创业创造教育与专业教育融合这一系统工程中，应高度重视课程建设，将课程体系建设作为两者融合的重要支撑。高等职业教育旨在培养高层次的技能型、创新型人才，这就决定了高职院校建设融合性课程体系的实用性与多样性。

1. 课程目标相对接

创新创业创造教育与专业教育融合不是在专业课程里面简单加入创新创业创造内容，也不是在创业课程里面体现部分专业的内容，而是要做到真正的有机融合。创新创业创造教育与人才培养息息相关，高职院校应将创新创业教育的目标进行细化分解，结合各个专业的实际运用情况，将其与各专业人才培养目标进行衔接。高职院校要对现有课程体系进行重构融合，首先在从课程目标上进行融合，再到教学内容、授课方式、考核方式等方面进行彻底的融合。在专业课程培养目标中体现对创新精神和创业意识的培养，根据每节课的课程内容，寻找创新点，不断更新课堂教学内容，让学生尝试新的思维方式，以实现课程与创新创业教育深度融合的目标。

2. 充分挖掘专业课程中的创新创业创造教育资源

课程内容的质量很大程度上决定了教学的质量，将专业课程教学作为两者融合的重要载体，能够使创新创业创造教育与专业教育更紧密结合。因此，既要基于专业知识挖掘与创新创业创造教育的相关因素，也应在专业课程教学中有机加入创新创业创造教育元素，使创新创业创造教育的相关内容渗透于专业课程的教学内容中，让学生在潜移默化中提升创新意识。一方面，学校应鼓励教师关注专业与行业的最新发展成果与趋势，鼓励教师基于专业教学进行内容创新，把学术前沿发展、最新研究成果、技术创新、方法创新、工艺流程创新等创新元素和创新实践经验融入课堂教学，以及职业技能竞赛项目、大学生创新创业训练计划项目、企业创新创业项目等内容以项目（任务、案例）为载体在课堂教学中呈现，让专业课程内容得到不断丰富；另一方面，不同学院之间可展开交流与讨论，进行跨专业交流，以优势专业带动其他专业创新；遴选优势专业的示范课程，加强与不同学科之间的学习，使教学内容更具创新性与实用性，从而提高学生的学习兴趣，培养学生的创新创业创造意识，让更多的学生能够积极思考和创新。

3. 改革教学方法及考核方式

改善传统教学方式，对教学方法及教学模式加以创新。创新创业创造课程大多是实践性较强且具有较强创新性的课程内容，因此，在教学过程中，需要摒弃传统填鸭式教学方式，利用多种教学方法及教学模式，为学生提供更为多元化的学习模式。不仅要结合学生自身对创新创业创造的认知程度来进行教学方法的改进，还应当运用实验方式、问题方式等形式，提升学生学习积极性，使学生真正融入创新创业创造课程中。要把传统的讲授方式转化为活泼的互动场景，面向实践，强调参与。在专业课程中应注重项目化教学，通过真实情境的创设，启发学生进行思考，让学生主动发现问题、解决问题。课后有研究性学习任务，融做、学、教、创为一体，培养学生的批判性、创造性思维，激发学生创新创业创造灵感。以学生为中心进行教学设计，以“师父带徒”方式指导学生参与创新创业实践，培养学生在专业领域的创新精神、创业意识、创新创业创造能力。

在课程考核上，要从知识倾向转变为能力倾向，考核的方式也不应只是一次测试，可以是长期持续的考核方式。要强化对学生学习体验的关注，多设置开放性任务进行考核，注重对学生的思考能力与创新能力测评。课程考核时，加入对运用知识分析解决问题能力和创新创业创造能力的考核元素，建立多元化学习评价体系，运用校内信息化教学平台，如“云课堂”，积极探索“线上”和“线下”相结合的考核评价模式，对学生的日常课堂表现有更直观与清晰的判断，同时也能增强学生的课堂参与度，提升学生课堂学习效率。探索建立非标准答案形式的课程考核方法，鼓励学生开展创新创业创造实践，并将实践成果作为课程成绩的重要依据。

（三）加大教师培养力度，建设优质融合型师资队伍

1. 提升教师队伍创新创业创造能力

高职院校专业教师具备较好的课堂教学能力与专业实践能力，但创新创业创造教育是面向真实需求的教育，这就要求专业教师具备更高的教学能力。高职院

校的专业教师要积累创新创业创造实践经验，积极参与校内外创新创业创造实践活动或培训，丰富创新创业创造理论知识，从而不断提高“三创”教育的教学能力。在校内，学校教务部门积极引导，各二级学院或系部加强交流与学习，可组织不同的专业教师进行校内培训或交流，能够更加突出专业的针对性，通过实际的教学过程总结经验，改进教学方式与考核方式，以优势专业带动其他专业教师教学能力提升。专业教师也应积极进行研究和交流，或者到专门的企业进行亲身学习，总结和制订出更科学高效的教学方案，并在教学实践中不断摸索，从而提升自身的教学能力。在校外，学校选派有一定创新创业创造素养的专业教师进行创新创业创造专题培训进修，也可以组织教师到创新创业创造教育和专业教育融合较好的学校进行学习，与不同院校教师交流教学经验，学习和了解最新的教学成果，并将之融合到适合学生发展的教学模式之中，教师在此过程中思想观念和教学方式与时俱进，自身综合素质也得到提高。

2. 优化师资结构，丰富教师队伍

高职院校应加强与企业的主动沟通，建立企业与学校良好的合作关系，可在区域行业企业中聘请有创新创业创造经历经验的优秀技术人员担任校内创新创业创造教育的兼职教师，并对兼职教师进行必要的培训，增强其教育教学能力，加快融合与构建专职和兼职结合的创新创业创造教师队伍，为两者融合提供可靠保障。另外，高职院校可邀请专业人士定期开展行业最新动态和专门的创新创业创造讲座，通过创新创业创造教育的示范课堂教学或学术理论研讨，加强校内外创新创业创造教育师资的经验交流与探讨，提高教师的创新创业创造教育教学实践能力，促进创新创业创造教育与专业教学体系更有效结合。

3. 积极创造教师实践机会

首先，学校给教师提供更多的创新创业创造实践机会与时间。教师想拥有更多的创新创业创造实践经验，就需要投入大量的精力和时间。高职院校应给予教师参与实践的机会与时间，保证教师完成教学任务后，可以获得机会从事创新创业创造的相关实践，不仅能够提升教师实践能力，也能够降低教师工作压力，促进创新创业创造实践的顺利实施。

其次，制定有效的教师创新创业创造能力评估机制。根据专业及创新创业创造教育需求制定出相应的评估指标，同时将评估机制和教师职称考评工作结合起来，不断提升教师工作积极性。但是在开展评估和考评过程中，也应当根据学校自身要求制定相应的指标，以达到教师心理需求。此外，高职院校应当为开展创新创业创造实践工作的教师提供奖励机制。对于校内教师在开展创新创业创造实践工作中取得的各种成果给予一定的奖励，不仅要包含物质奖励，还可以是各种精神奖励，提升教师实践工作的积极性。

（四）搭建共享型实践平台，促进实践活动高质量发展

1. 建设完善的校内外实习实训基地

高职院校应基于学校的专业建设情况创建“创新创业创造与专业实习实践基地”，实现创新创业创造教育与专业实习实践资源共享，推进专业教育与创新创业创造教育融合。学校要积极争取多方支持，整合有利资源，最大限度地为学生的校内外实习实训和创业实践提供硬件支持，从多个方面开展实践教学和创新创业创造教学。在建设实践平台过程中，要统筹安排创新创业学院与二级学院的关系，在建设经费上合理划拨，充分利用资源，给二级学院一定的自主权，提升实践平台的专业性。

2. 以企业资源为依托，以校企合作为平台实施创新创业创造教育

在校企合作不断深化的阶段，高职院校应与合作企业相互协调，在合作探索中提升资源利用效率，以企业资源为依托，借助校企合作的平台大力推进校外创新创业创造教育实践基地的建设。高职院校一方面以专业认知与创新实践结合为路径开展课外实践，促进学生创新创业创造能力与专业能力的协同发展；另一方面，还可以结合企业的实际工作环境开展专业实训实践活动，鼓励学生将第一课堂所学的理论知识延伸到实践实训中，进行深入学习与实践。另外，高职院校与企业展开合作时，可以积极引进企业优秀技术人员，将其聘任为学校兼职教师，加强校外实践基地与专业教学团队之间的交流，实现校内外人员、技术经验的共享，及时发现教学的难点与弱点，并有针对性地进行改善，从而提升校内教师教学质量，推动专业教学活动与创新创业创造教育活动更紧密结合。

3. 积极有序地组织学生参与多方面的创新创业创造实践活动

高职院校应组织学生深入参与校内外各类创新创业创造实践活动，二级学院与创新创业创造学院协同开展和配合，有效分配学生的实训场所和实训内容，提升实践活动的专业针对性，既能避免学生在实际训练中浪费时间，又有利于激发学生的创新创业创造意识。高职院校可以牵头组织在全校范围内开展常态化的创新创业创造实践活动，如创新创业设计、创业活动路演、创新创业类大赛等专题活动。各学院积极响应配合与落实，鼓励各专业学生积极参加，从学生自主报名到校内选拔，安排专业教师进行指导，同时可将学生参与创新创业创造实践或竞赛情况纳入学生的实践教学管理，在各类实践活动中培养学生的创新创业创造意识、技能和能力。

第三节　创新创业教育质量评价机制建设

大力推动高职创业教育，有利于培育学生的创业精神和创业能力，对于推动高职教育教学改革发展，提升人才培养品质，有着巨大的现实意义。近年来，全国各高职学校均加大了对大学生创业教育政策的研究与实施，但创业人才培养的成效却并不突出。以下主要从创业教育评价系统出发，总结了当前创业教育评价系统的不足之处，并给出了建立创业教育评价系统的基本架构，进一步剖析了建立创业教育评价系统才是真正达到高职学校培养目标的迫切需要。

一、创新创业教育及其质量评价

高职院校创业教育是指训练人的创业意识、创业思想、创新技术等综合创业素养，最终使受教育者具备相应的创业能力的教学。创业的本质是抓住机遇，资源的创造性整合。因此，创业的本质是创新，创新是创业的灵魂。目前，无论是在国际上还是在我国，创新创业教育已经成为高等教育的重要途径。所谓教学评估是基于具体的教学目标，以科学有效的技术手段，对信息进行系统、全面的搜集、汇总、处理与分类，对教学、过程与成果做出价值评估的过程。目的是改善教学品质，为教学决策提供依据。

二、构建创新创业教育质量评价体系的必要性

随着创业教育的进一步深入，创业教育质量评估系统的不足已经变成约束高职学校创业教育健康发展的重要瓶颈。①

（一）提高核心竞争力的需要

创新创业教学，是符合社会主义市场经济和我国发展战略要求的教学理念与教育管理模式。通过相关活动，使基础教学、科学研究理论与实际结合，培养与影响广大学生，培养学生的革新意识、主动发展精神与实际操作技能。它是增强高等教育核心竞争力的重大措施，是人才战略的要求。创新创业质量评估系统的建立是促进教育体制变革的接力棒，对于重新看待原来的质量评估系统，实现定向调整有着重要意义。

（二）地方发展的需要

学院要开展革新与创业教学，以培育学生的意识、创造敬业精神和创造力，以支持地方经济社会发展。此外，地方经济的蓬勃发展还可以为大学生提供更多的现实机会，提高大学生的综合能力。所以，建立适应区域政府、高等院校、社会企业及学校需要的科研评估系统，是应用型高等学校开展创新创业教学的主要参照依据，能够推动区域经济社会与高等教育人才培养的良性循环。

（三）人才培养的需要

学校现代科技创业培训系统的建设，对学生自主能力的培养、创业意识的培育，以及学生自主学习能力的管理都有着很重要的帮助，对学员在步入工作前综合能力的培养也发挥着很好的促进作用。创新创业教育评估系统在高等教育人才培养改革中产生了重大影响。唯有形成较为合理、完备的评估系统，才能科学、

① 朱国奉，李巨银，周荣甲．高职院校创业教育质量评价体系研究［J］．中国职业技术教育，2016（1）：4.

合理地引导高等学校实施创新创业教育。

三、高职院校创业教育质量评价遵循原则

（一）开放性原则

高职学校离开传统企业、脱离现实社会商业生活环境而谈的创业教学，就如同高空楼阁，虚无缥缈。基于此，创业教育领域更需要走产教融合、多方合作的教育之路，即创业教育领域更需要政府、行业、公司等社会力量的联合与广泛投入。同时，创业教育领域也对创业人员的培训起着直接影响，对创业人才的效果最终受到社会的检验。因此，对高职学校的创业培训与教学质量评估应当坚持开放心态，坚持面向社会，坚持多元化评估。

（二）发展性原则

高职学校的创业教育发展并非一蹴而就的。它不仅是一种由浅至深的逐步学习过程，而且是一种从量化到质变的积累流程。因此高职学校创业教学的发展应该设定实施阶段和梯度，以形成将创业普及教育和创业精英教育有机结合的创业培训系统，即从创业基础知识的普及—创业基础能力训练—创业实战锻炼—创业综合能力提高—创业实战体验—创业思想模型优化的一种流程，包括将塔身与塔尖的塔基金字塔结合起来。所以，我们必须以社会发展的视角来审视高职学校的创业教育，创业教育能否顺应高职学校发展的普遍规律，创业教育能否分阶段，在各个阶段之间如何有序衔接，还有整个实践教学过程中如何在逐步推进。

（三）差异性原则

高职创业教育的品质评估也应当兼顾差异性因素。这就是说，高职创业教育的发展不应当是千家万户的一面，而应当凸显差异性，百花齐放。高职院校的创新教育活动，应与企业办学定位、高职院校的学科优势、国家政策和区域发展战略等相结合。所以，农村高职院校的创新教学应当以农村发展与农村创新教育为重点，主动为“三农”发展和农村振兴战略提供咨询服务。应该指出，农村高职

院校创新教学的重点是培育德才兼备、有“三农”情感的创新人员，建设农村复兴的“领头雁”人才队伍。

（四）创新性原则

高职院校创业不同于一般的社会企业家。前者可借助高职学院的创新教学资源，创新应成为高职院校的主标签。对于在校园开店、摆摊销售的小商品、物流配送中心等低端创业企业来说，虽然它对于高职学校的创新活动也有着很大的积极意义，但它们在形式上类似，却又在精神上不同，这还不能鼓励学校的创新。

但是，高职院校的创新教学并不能只关注于学校学生对创新“技术”的模仿，而忽略学校学生应该掌握的创新根本技术——创新，不然高职学校就沦为学生中低端创业的工具灾区。① 其实，具备较强市场竞争性和可长期市场生存能力的创业，通常都是拥有一定技术储备并掌握了核心技术的创业，这就离不开技术创新，而技术创新也离不开专业积累。基于此，如何在高职学校开展创新教学，突出创新价值为主线，以及创业教育如何与职业教育紧密联系，将是高职院校创业教育品质评估的重点内容。

四、建高职院校创业教育评价体系的基本框架

高职学校创业教育评价体系从宏观与微观两个层次加以建立。在微观层次，主要针对创业教学的课程评估及创业教学成效的评估。通过这两个方面，一种合理、客观的评估可以真正体现高职学校创业教育流程中的各类信息。

（一）构建基于整体规划的创业教育评价体系

1. 办学定位

高职的整体办学位置和创业教育在高职整个教育办学流程中的重要位置是创业教育失败的重要关键问题，因此，办学位置和创业教育位置之间的重要“方向盘”也就是高职院校整个教学过程发展的重要方向盘，位置是否正确、合理，直

① 胡艳. 高职院校专业创业教育教学体系探索——以义乌工商职业技术学院为例［J］. 高等工程教育研究，2019（3）.

接关乎着创业教育开展得好坏和最后成效。

2. 创业教育相关制度建设

规章制度是学校创业育人的重要保证，关乎着学校创业教育的成功实施，而学校的管理规定和实施状况则是学生参与评估的关键指标。管理制度建设的重点包括组织管理体系、教学改革、学校运行机制、资金保障等方面。

3. 高职院校办学理念

创业人才的培育，需要符合创业教育的宗旨。所以高职院校应当针对办学特色，采取产业链办学、产教融合、服务地方经济发展等路径，逐步形成办学理念，并将之落实到各类人才专门培养规划中。同时，高职院校还应充分考虑创业培训内容的比重、对创业教育资源的投入、创业教育的培养措施与效果等，这些方面都反映了学校对于创业教育的关注，以及学校党委领导班子的顶层设计能力与决策水平，还有全体教职员工的行动实力。同时，上述各种因素也将直接影响创业教育的成效。

（二）构建基于教学建设的高职院校创业教育评价体系

科学的创业教育教学评估制度，是提升我国高职学校创业教育教学与管理水平的重要手段和必备环节。它又是创业教育成败的核心要素。其评价标准主要分为如下三个方面。

1. 软硬环境建设

基于教学建设评价体系的硬条件，是指在创业教学中整个课程环节所涉及的所有必要场地和配套辅助设备，对创新型大学生的选拔和创业资金的支持，还涉及“校园工厂”的建立，主要是教学单位建设和校企合作管理，其前提和基础设施建设都需要大量的配套设备投资和创业资金。基于课程建设与评价系统的软性条件，是指高职学院校园创业培育课程理念的体现、创业气氛的营造，以及学生创新信仰的树立等。这一软环境的构建，可通过搭建创业论坛、政策激励及高职院校宣传平台，传递大量创新事例、经验和感悟，从而激发大学生的创业热情。

2. 创业导师建设

创业导师是成功完成创业者教育目标的重要人才保证。一个结构合理的创业者导师团队，是创业者教育目标成功实现的主要推动者。高职院校需要有创业导师建设专项资金以及创业导师培养教师实践技能的重要基地，并且高职院校教师应引导学生对创业教育过程进行理解与探究。创业导师团队建设从高职院校教师创新实力、教育环节与教学三个方面加以评估。

3. 创业课程体系建设

建设创业教学课程体系，就必须根据各学科特色，以与创业教学有关的重要关联学科作为专业教育标准，分阶段、分环节合理地设定课程，创业教学将切实渗透到高职院校人才培养的全过程。选修课的教学设定，通常分为选修课、必备课程、演讲厅、实践培训、创业竞赛等多种类型。重点是通过建立创业型课程体系，进行反馈与监测，评价教学是否符合校园创业发展的现实要求，达到校园创业发展教育的目标，以及如何真正全面地提高学生的基础创业能力。

（三）构建基于个体发展水平的创业教育评价体系

创业教育的个人发展水平与成果，是体现创业教育成功与否的关键衡量指标。评估对象主要是进行了创业教育后的高职学生。此项测评的主要目的是指导广大学生积极参加创业教育，调动学生对创业教育的兴趣，从而全面提高高职学生的个人创业能力与社会创业素质，同时，也对他们在进行了创业教育后的个人创业能力与社会发展水平做出了正确的个人价值评估，以便于为增进高职学校对创业教育的关注，为进一步完善创业教育的方针与举措，提供决策依据。评估主要在校内和校外开展。校内的测评指标主要包括学生学习态度、参加的各种创业实验活动、学生职业规划与设计、创业大赛水平与成绩、学生毕业论文设计与实践质量、学生创新作品设计与评估、学生最终毕业表现评估等。而校外的测评指标则主要包括大学生创业率、大学生的后续研究、企业反馈等。

五、建立创新创业教育质量评价体系的意义

质量评价体系是职业院校作为高素质、高技能人才培养的标准，通过完善目标和标准、建立质量评价组织架构、制定标准、组织实施、开展诊断、激励学习、创新改进，从而不断提高创新创业人才培养质量的信息化管理系统。创新创

业教育作为国家创新驱动发展战略的驱动器在各高职院校落地开花，推动职业教育转型升级，得到了社会广泛认可，高职院校将持续推进职业教育。建立创新创业教育质量评价体系不仅有利于职业院校规范创新创业教育行为，还能提升人才培养质量，推动职业院校的创新创业教育朝着高质量、纵深化方向发展。

（一）规范创新创业教育行为

创新创业教育最早在欧美等发达国家兴起。我国的创新创业教育探索较晚，但是已从跟跑、并跑转换成领跑之势，其发展之快成为世界焦点。我国的创新创业教育也出现了一些不可回避的问题，例如目标定位不清晰、课程体系不完整、师资培训体系粗放、质量评价单一等问题。因此，质量评价体系可以通过对目标的监测，实时进行纠偏，规范创新创业教育行为，保证创新创业教育质量的不断提升。

1. 定位创新创业教育目标

职业院校的创新创业教育工作要进行顶层设计，给予足够的重视，形成“学校统一领导、主管部门统筹协调、各系负责具体落实、全员参与式”的创新体制和工作机制，使得创新创业教育工作实效性得到增强，为创新创业工作营造“全校动员、全员参与、全力以赴”的良好氛围。确保创新创业工作“四个到位”，即机构到位、人员到位、场地到位和经费到位，服务于区域经济增长和社会发展。

2. 完善创新创业课程体系

质量评价体系要求建立完整的课程体系来支持人才培养质量提升。在各个专业人才培养计划中专门设置了“创新创业能力与学生发展”课程模块，着力构建以创新创业“通识课+专长课+实践课”为主要体系的创新创业教育专门课程群，进一步完善了创新、就业、创业三位一体的创新创业课程体系。建设包含案例库、试题库、教学课件等内容的在线教学资源库，为学生在线学习、自主学习、开放学习提供了大量的资源。

3. 完善创新创业师资培训体系

职业院校高度重视创新创业教师的培训与能力提升，将创新创业专职教师的培训工作纳入职业院校师资培养计划。职业院校通过“走出去”与“请进来”结合的方式，组织创新创业专职人员各级各类培训，确保专兼职教师全员参加，保证参训率达100%。对从事创新创业教育的教师享受教学人员同等待遇。

（二）提升人才培养质量

人才培养质量是职业教育的根本任务，虽然职业院校的生源质量参差不齐，但是这也为职业院校的创新创业教育带来了挑战。为每个职业院校学生增值赋能，实现了人人出彩的培养目标。

1. 专创融合，实现增值教育

秉承将双创教育融入专业人才培养全过程的建设理念，加强课程体系建设，按照学生的创新创业需求，制定了分层递进的能力培养计划和指标，面向全校学生开设创新创业通识课，激发学生创新创业热情；面向创业需求强烈的学生开设实践指导课程、企业模拟课程，训练学生创新创业技能；面向正在进行创业实践的学生，提供政策帮扶和技术指导，从而更好地实现企业孵化和商业转化。

2. 师资遴选，打造教学团队

遵循“培训先行、效果导向”的原则，遴选校内外专兼职教师、行业企业专家、组建创新创业师资库。校内导师必须经过严格、专门的创新创业培训才能承担教育教学任务，从而保障教学质量；择优选择校企合作优质师资承担校外创业指导；优先遴选院校毕业生中创新创业典型为校外创业导师，发挥典型示范作用。进一步拓展双创教育的国际化视野，引进国外创业导师充实师资库，争取引进高水平的国外创业导师。

3. 优化资源，改善教学条件

结合职业院校专业实际情况，编著创新创业教育校本教材，用最新的信息技术和媒体技术编写，为新形态一体化教材。自主开发在线开放课程建设，不断整合教学资源，丰富教学资源库，配置精良的教学设备，引进发达国家融产、学、研为于一体的先进理念和设备，培育学生工匠精神和创意产品设计的能力。

（三）推动创新创业教育向纵深发展

随着创新创业教育的深入开展，职业院校学生的科技创新、自主创业的比例持续增加，自主创业率、创业带动就业率增速明显。

1. 搭建创新创业实践平台

为了实现创新创业教育与专业教育相融合，专业实训基地是创新创业教育的重要实践平台之一。加强校内实训室建设，同时校外实训基地建设也逐步实现深度融合、合作育人。出台大学生创新创业各项规章制度，为创业大学生以项目扶持的方式，免费提供水、电、网，免收房租，并提供“一对一”导师服务，扶持学生创新创业。

2. 开展创新创业实践活动

基于“三结合”的原则建设“创新、创业、就业”三位一体的实践实训教学体系，采用“引企入校”“现代学徒制”等多种校企合作形式，开展创新创业教育。学校各类创新创业学生社团积极承办科技服务活动和社会公益活动。对外建立职业院校品牌，对内进行创新创业政策宣传，并逐渐建成校内思政教育平台。各类社团积极服务于“双创双服”，提供社会服务的同时也实现了服务盈利。出台政策，鼓励学生积极参加“互联网+”“挑战杯”“创青春”等各级各类国家和省级创新创业大赛。

3. 提升创新创业指导服务

面向全体学生，提供创业全程辅导与一站式服务，为学生提供从企业注册到企业管理的全程服务，扶持指导实现工商注册的项目。建立创新创业教育网站，设置“政策支持、在线学习、技能训练、创业项目、创业典型”等栏目，信息更新及时，随时随地为学生提供政策帮扶和学习指导。建立“创新创业与就业”微信公众号，各个专业也在系部的微信公众平台设置创新创业栏目，通过各种媒体形式宣传创新创业政策。

六、职业院校创新创业教育高质量发展的有效路径

双创教育与职业教育是天然耦合关系，包含本质属性、价值取向和社会效应，职业院校创新创业教育高质量发展过程中呈现出的特点，将双创教育渗透到职业教育的各个环节，贯穿于专业人才培养的全过程，这需要师生的全员参与。因此，明确职业院校创新创业教育发展路径是非常有必要的，可以为推进双创教

育驱动职业教育的高质量发展提供重要的参考。

（一）转变创新创业教育质量评价理念

创新创业教育的理念不能只停留在教无定法、学无定式，更不能评不得法，而是要树立创新创业教育质量评价理念，制定质量评价指标，包括建设方案、课程标准和内容、课程负责人、课程成员、教材选用、教材建设、在线课程、课堂教学、实践教学、课程考核、教学评价、教学质量、标志性成果等指标。将这些评价指标分批次地灌输给每位教师，以指标为导向，培养大学生以创新创业的理念为导向，不断提升动手能力。一方面，要收集最前沿的创新创业教学资源，及时更新教学重难点，并将教育质量评价理念与专业学科特点、实践案例紧密结合起来；另一方面，挖掘大学生的知识盲点，分析盲点原因，从而有针对性地给学生答疑解惑。此外，职业院校可以搭建基于大数据、云计算技术的教育质量评价平台，鼓励双创导师参与平台建设，并开展以数据为驱动的创新创业项目指导，实时整改，保证创新创业项目的质量；同时，还可以具备创业项目众筹功能，鼓励社会资本、投资机构介入，解决创业项目的资金问题或产品原型问题。

（二）加强创新创业教育质量评价的顶层化设计

从顶层视角来进行“培养什么人，怎样培养人”的设计，把创新创业教育改革放在突出位置，进行任务分解，从宏观层面来进行指导和监督，统筹推进创新创业教育工作进一步落地。从学校层面成立大学生创新创业教育改革领导小组（以下简称领导小组），对学校创新创业教育工作进行全面领导，统筹协调在推进过程中遇到的问题。领导小组由院长任组长，主管教学、学生工作的副院长任副组长，教务处、学生处（团委）、招生就业处、财务处、后勤处、网络信息中心负责人及各系主要负责人为成员。领导小组下设在创新创业教育中心，创新创业教育中心牵头负责全校创新创业统筹。各系成立大学生创新创业教育工作小组，负责本系创新创业工作各项具体任务的落实，对学生开展的创新创业活动内容、形式严格把关，并提供技术指导和支持。引入大中型企业、社会团体及投融资机构等充实大学生创新创业教育的领导小组，使得职业院校专业人才培养形成一个闭环，在教学、科研、社会服务等领域对双创教育开展形成强有力的支撑。

各专业要审时度势，根据学校办学特色及区域经济发展目标，邀请相关部门、行（企）业专业人员进一步完善专业人才培养方案，将创新创业教育纳入人才培养质量标准，形成完整的评价体系，细化创新创业素质能力要求，针对不同的学生群体设置不同的创新创业能力标准，开发不同课程，将创新精神、创业意识和创新创业能力作为评价指标进行衡量。加强重点学科专业建设，逐步打造在省内乃至国内有影响力的专业，带动人才培养质量的全面提高。

（三）对接学生课程需求，建立创新创业课程选择多元化平台

建设层次鲜明、衔接具体、科学合理的创新创业教育课程体系。明确创新创业教育课程开设范围、开设时长、开设内容等，确定其是针对全校的必修课程，32 学时，2 学分。提高学生的创新创业能力，同时为学生就业提供必要的指导；开设创业管理实战、创业基础等创业类在线开放课程，传播创业文化，普及创业知识。鼓励学生利用在线开放课程平台自主学习创新创业类课程。建设创新创业教育示范课，并进行信息化课程改革，通过示范引领作用去影响更多的课程改革。

充分发挥专业社团的作用，通过开展社会实践、科技作品竞赛、创业计划大赛，举办创新创业论坛、创业经验分享会、典型项目报告会、校外孵化园参观学习等活动，激发学生参与创新创业项目的动机，明确创新创业需求。通过开放实训室，整合各个专业的优势资源，交叉融合完成创新项目训练。通过与行（企）业内单位、科研院所等合作，争取更多的校外科技合作项目，筹措创新创业扶持资金，为创业学生获取更多的政策、场地扶持。每年组织举办一次创新创业和职业技能大赛。通过大赛推动各专业开展创新创业实践活动，让学生结合专业参与到创新创业活动中，在此基础上，推荐代表队参加省级、国家级创新创业和职业技能大赛。

（四）创新创业课程成果考核，提高学生学习效率

制定学生创新创业学分替代制度，探索将学生开展创新创业实践、发表论

文、参与课题研究和自主创业等情况折算成学分。对参与创新创业的学生建立档案，跟踪有意愿、有潜质的学生，研究其提升空间，并对提升空间进行量化，以成绩单形式来记录学生开展创新创业的点点滴滴。鼓励参与创新创业的学生跨专业学习专业知识来辅助项目成长。落实弹性学制，营造宽松的创业环境，让更多的学生有成长空间。

认真贯彻创新创业理念，广泛开展启发式、讨论式、案例式、参与式教学研讨，让学生在批判中成长、在创新中成人、在创业中成才。依托学校网络教学平台，探索线上线下结合的翻转课堂等教学方法改革。深入改革课程考核内容和方式。对创业项目成长过程的三个阶段：初创期、成长期、发展期进行实时监测，确保项目考核结果与学生能力水平相匹配。鼓励学生根据项目自身特点和发展志趣，自学参加科研和科技创新活动。加强大学生创新创业教育改革与实践研究。

（五）提升双创导师师资水平，为学生创新创业保驾护航

依托创新创业教研室，不断完善创新创业教育师资库。聘请某领域的企业家等人才加盟来扩充师资库，这个群体既可以进行课堂授课，又可以进行创业项目辅导。组建一支专兼结合、校内外共建的高素质创新创业教育师资队伍。每年选派一定数量的创新创业教育专兼职教师，通过形式多样的培训方式，鼓励教师到行（企）业挂职锻炼，提高教师的职业能力和理论修养。定期组织专兼职教师开展教学竞赛活动，促进教学经验交流。同时，在保持创新创业教育师资队伍相对稳定的基础上，建立定期考核与淘汰制度，实现创新创业教育师资队伍专业化、职业化、专家化。

建立校级学生创业指导服务机构，做到“机构、人员、场地、经费”到位，提供一站式服务，使其在创业路上没有后顾之忧。完善校级大学生就业创业服务网功能，建立校级创业教育与创业指导服务信息平台，开通在线咨询，为大学生实时提供国家政策、市场动向等信息；引导学生提高创业机会的判断能力，快速捕捉创业商机；建好大学生创业项目库，并做好与社会机构对接等全方位服务。

（六）全方位布局，打通创新链、信息链和人才链

学校各个部门要大力宣传加强创新创业教育的必要性和重要性，使创新创业

成为管理者办学、教师教学、学生求学的理性认知与行动自觉。及时总结，开展学生创业成功典型的选树活动，扩大宣传形式和宣传力度，形成具有学校特色的创客文化，努力营造敢为人先、敢冒风险、宽容失败的良好氛围。

1. 创业项目痛点挖掘与落实指引

大学生挖掘的创业项目，与个人能力是密不可分的，以创业项目为纽带，出台相关激励制度，调动大学生的创新创业积极性，用制度来为创业项目落地保驾护航。基于此，职业院校采取项目管理的方式，利用大数据、云计算技术，对创业项目进行监测，采集项目进度数据，根据采集数据，对项目进行诊断，促使创业项目落地性更好。另外，利用大数据云计算技术，将学生的课堂学习进行指标化，考核课堂积极性、回答准确性，指导教师走进学生创业团队，提供个性化的创业项目落地指导，使创新创业教育符合教育发展规律，促进其长效发展。同时将配套制度不断完善，用制度对参与创新创业活动的师生进行约束和规范，调动更多的师生参与双创活动，激励教师教学模式变革。探索形式多样的激励举措：在对老师的激励方面，可以考虑将老师们关心的职称、荣誉、科研及工作量认定等方面进行改革探索；在对学生激励方面，可以考虑将学生关心的学分转换、学籍管理、帮扶管理等方面进行改革探索。从而打造立体化的双创课程体系，使课程体系在双创实训实践平台进行可视化，确保创业项目痛点挖掘与落实指引。

2. 创新创业效果评估

从学校层面，建立大学生创新创业资金支持机制，并确保政策落实到位，对国家、省出台的关于大学生创新创业相关优惠政策进行梳理，明确部门落实责任，提供全方位的政策和资金支持。把双创教育质量作为衡量专业教学水平、考核教师和干部的重要指标，纳入学校教育教学质量评价指标中，形成教学质量年度报告，并对指标达成率进行披露。学校定期督导各项创新创业工作的落实与进展。

创新创业效果评估可以通过创业质量大数据采集平台，采集师生在创新创业活动过程中的数据。这些数据要确保真实可靠，是一种没有被干扰的数据，属于原生态的数据。与以往采集数据方式不同，摒弃了人工数据采集，而是采用大数据技术进行采集，这种技术更加精准、更加可靠，保证了数据的客观性。因此，创新创业效果评估结果也更准确、更具有参考价值。利用大数据信息采集平台的分层原理，进行全覆盖的数据采集，并进行多维度数据分析，实时采集诸如“学习满意度”“项目参与度”“项目推广情况”“项目经济效益”等数据，从而为职业院校对创新创业教育质量评价提供了参照模板，为质量评价提供了便利性，也保证了教育质量的评估准确性，更确保了产生评估数据的时效性。

（七）创新创业教育质量全程监测，高效率地进行风险预测

1. 创新创业教育质量全程监测

创新创业教育质量注重全程监测和过程监督，进行顶层指导，根据监测的问题及时进行诊断与修正，确保创新创业教育质量不打折扣。一方面，不能采用以往的传统教学管理监督方式，要根据双创教育本身的“两栖”属性，采取过程监督，一定要创新监督方式，保证创新创业教育不走样。无论是学校的职能部门还是一线教师，这些问题在实际操作中都是在所难免的。因此，在执行过程监督，对开展的工作进行实时评价，同时要不断加强指导，使创业项目参与者有动力、有决心完成相关工作；另一方面，要强化执行部门和教师的主体责任，对质量评价平台上的数据要实时更新，不断地进行纠偏，采取抽检、激励、评比、创新、反思等方式，将执行效果与设定目标进行对照，对过程进行无死角检查，形成项目诊断报告，并提出项目改进建议，不断优化方案，这样既能提高创新创业教育质量全程监测效率，也能激发社会的创新创业活力。

2. 高效地进行创业风险预测

在传统的课堂教学中，教师很多时候都不参与授课结果评价，对学生的掌握情况不了解，无法判断为学生下一步学习提供哪些数据化指导，故难以对创新创业项目运行提供更有价值的建议。因此，创业风险预测能够确保这个项目顺利进行，通常采用大数据云计算技术，对风险进行评估，整合创业项目相关资讯，给大学生获取相关资讯提供更加便利的途径，通过收集信息，对创业项目的发展进行评估，动态跟踪创业项目的发展趋势。在大学生创新创业项目成功率不高的前提下，建立风险预警大数据平台是非常有必要的，而通过质量评估大数据平台进行预测和分析，将创业风险指标化，更利于监测相关数据。同时还可以考虑委托

第三方风险评估机构，让第三方风险评估机构参与到创业项目中，使项目更加符合市场标准，更能提高创业项目运营的成功率。

第四节　专创融合实践教学体系探索

专创融合既是新时代职业教育人才培养改革的新模式，又是服务国家创新驱动发展战略的迫切需要。

一、多理论视角下职业院校专创融合实践教学体系的构建

（一）专创融合实践教学体系基础性要素分析

1. 专业教育

专业教育是指学生通过学习专业知识，形成相关知识体系，从而掌握某种技术或技能。专业教育以培养综合职业能力为目标，以学生为中心进行专业课程教学综合设计与实施，创设学习情境、设置学习任务，让学生在学中做、在做中学，通过经历“岗课赛证”综合育人体系，增强学生专业技能的驾驭能力。

2. “双创”教育

“双创”教育是指创新创业教育。通过创新创业教育，师生主导或参与更多的真实项目，将技术原型产品或科技发明产品转化为市场需要的产品或服务，进行深度的商业化及市场化，不断地增强学生的技能，并通过政校行企专创融合生态圈，对专创融合成果实现“政校行企”多元协同评价。

3. 专创融合教育

专业教育与“双创”教育是鱼和水的关系，“双创”教育不能与专业教育割裂实施。专业教育在实施的过程中要融入“双创”教育的理念，以实践为载体，根据专业特点进行内容匹配，形成有效的专创融合。

专创融合实践教学体系指的是引入先进教育理念，通过真实项目提升学生的学习兴趣，解决真问题、挖掘真项目，真正地实现产教融合。学习的场景也打破

了以往传统教学接受知识的场景，解决众创空间与专业实训中心（实训室）协同实践教学问题，将创客教育功能融入专业实训中心（实训室），学生在学习过程中根据发现的项目痛点自发组成相应的项目组或创业公司，在运营项目过程中，将项目任务与课程教学目标进行匹配，实现人才培养目标与企业经营目标的“互通互联”，从而打通了智慧教室、实训室（中心）、众创空间和双创基地的同频共振。自此形成了金字塔式的教育模式，做到一年级通识课、二年级专业个性化指导、三年级项目孵化指导，实现“专业+创新创业”的不同场景的分类分层指导。培养更多的应用型高技能人才，使得毕业生转变了就业观念，由之前的被动就业转为主动就业、创业，投身服务区域经济发展，走出一条“创业带动就业”模式。

（二）专创融合实践教学体系构建原则

1. 问题导向原则

在专创融合实践教学体系探索中，明确培养学生创意、创新、创业、创造等四种能力，依托问题导向，同时对问题进行了鲜明界定，问题既来自现实生活，又来自虚拟生活；问题表现出结构参差不齐，其情境是杂乱和复杂的，没有足够的现成信息，它需要学生自动自发地去询问、查询、收集和思考；问题表现形式也是足够复杂与开放。只有这类问题才能激发学生学习的乐趣和探究问题的兴趣，学生之间进行分工协作，在这种情况下，教师的角色也发生了翻天覆地的变化，不再是之前简单的知识传授者，而是成为学生自主学习、探究学习、合作学习的促进者。

2. 开放学习原则

学习空间理论认为学生不仅仅是在传统课堂中完成学业知识学习，它也会发生在任意场所，这场所可以是物理场所，也可以是虚拟场所，当然两者有机结合更能促进学习者有效学习。在专创融合实践教学体系探索中，专创融合实践教学不局限在教室完成，而是打破了智慧教室到双创基地的藩篱，形成了智慧教室、实训室（中心）、众创空间、双创基地等不同场景的开放，实现了教学场景的资源共享。有效的学习空间打破了学习场景的局限，更能激发学习者的学习热情，教师通过信息技术手段促进学习者学习。

3. 协同评价原则

任何复杂系统，在外来能量的作用下或物质的聚集态达到某种临界值时，系统会发生明显的变化，系统会通过大量子系统之间的协同作用而形成新的时间、空间或功能有序结构，子系统之间就会产生协同作用，维持整个系统的均衡。在专创融合实践教学体系探索中，专创融合实践教学体系就是一个复杂的系统，由各个子系统构成，从而形成了专创融合生态。为了促进专创融合生态持续运转，单一评价已经满足不了生态需要，之前的学生学习成果只有任课教师进行的单一评价受到了挑战，在专创融合实践教学的生态系统中，试图增进各个子系统的“相互了解”和“相互促进”，评价主体更加多元，根据项目特点，政府、学校、行业、企业参与评价，从而形成政校行企的多元协同评价。

（三）多理论视角下职业院校专创融合实践教学体系的确立

针对专创融合存在的上述问题，河北政法职业学院在专创融合实践教学人才培养体系上积极探索，融入“基于问题学习（PBL）”理论、“学习空间（LS）”理论及“协同”理论（ST）等先进的教育理论，以“培育新时代工匠精神，厚植新青年家国情怀”为己任，探索专创融合的本土化改革路径，构建了多理论视角下的专创融合实践教学体系。本体系内容包括专创融合的四个能力目标、四个教学场景、四个主要支柱及多元评价机制。

1. 能力目标：建立“基于问题学习”的梯次递进的培养体系

雷钢提出“以问题为中心”是“问题求解”的核心要素，它进一步印证了“基于问题学习”的梯次递进的培养的合理性。为了弥补学生发现问题的自身不足，便于解决真实问题，结合真实创业项目和典型工作任务，开展基于问题导向的各种训练，促进学生的自主学习、协作学习和深度学习，螺旋上升式实现四个能力目标：把痛点挖出来的创意能力、把创意做出来的创新能力、把创新卖出去的创业能力、把创业落下去的创造能力。

根据学生学习规律，提出了“四创驱动”专创融合人才培养理念，进行梯次递进的“创意—创新—创业—创造”的能力塑造，分层施教，夯实专创融合能力。在这个过程中，引入学生喜闻乐见的游戏策略，实施“打怪进阶学习模式”组织项目学习，全程以某个选题（产品原型、技术流程、推广方案等）的研究作为学习的主要依托，在形成成果过程中，每完成一个任务，既增加了学生的学习乐趣和学习成就感，也为接下来结合专业知识和专业技术进行创新训练（把创意做出来）奠定基础。

2. 教学场景：构建“学习空间”的创客教育实践教学场景

要创建灵活、多用途的学习空间，并考虑兼容性。在实践探索中将创客教育功能融入专业实训中心（实训室），打破众创空间与专业实训中心（实训室）的教学场景割裂局面，增强双创实践教育载体的场景化，实施专创融合的四个教学场景：①智慧教室，聚焦思想碰撞，结合专业产生想法，形成双创启蒙项目；②专业实训中心（实训室），聚焦创意到创新实现，辅导学生创客，把想法变成现实，即结合专业进行创新；③众创空间，聚焦创新到创业实现，辅导学生制订商业计划，即结合专业自主创业；④双创基地，聚焦创业到创造实现，将创业项目进一步升级迭代，服务全社会发展。

构建“内容互融+人员互聘+功能互联”实践教学模式。坚持“实战赋能”，将真实项目融入专业实践教学，实现内容互融；不断推进专业教学团队与“技术创新导师团队”“商业创业导师团队”的互融互聘；智慧教室、专业研训室、协同创新中心、校内众创空间、校外双创基地和“青年红色筑梦之旅”实践基地等载体通过真实项目的挖掘、立项、打磨和落地实现功能互联，助力乡村振兴。

3. 主要支柱：保障专创融合实践教学平台顺利运转

为实现专创融合能力目标，确保专创融合教学过程的顺利实施，保证多元质量评价的顺利运行，重点加强了双创项目（教学内容）、翻转课堂（教学方法）、双创师资（教学团队）、保障机制（运行机理）等四大支柱建设，推动了专创融合项目挖掘落地实施。制定双创项目典型工作任务，构建创新创业实验班课程体系结构；采用尊重学生成长的主体性、重视学习能力培养的翻转课堂教学方法；打造专创融合师资团队服务区域的经济能力，保障“问题导向、学习空间、多元协同”专创融合实践教学体系落地实施的人力资源。

在专创融合支柱中，双创师资队伍显得更为重要。在队伍建设上，根据区域经济发展特点和学校的专业特色，重点培育双创师资团队。一是形成“技术创新导师团队”“商业创业导师团队”“管理创业导师团队”，聚焦学生从创意到创造的训练过程，每个教学场景为学生提供模块化的专业知识支持；二是建立科学的双创师资激励制度和评价体系。制定合理的激励制度，调动双创师资从事创新创业理论与实践的积极性，为专创融合持续健康发展提供人才支持。在双创导师指导下，利用双创基地的资源，成立项目孵化团队，发挥专业优势，通过线上与线下、社区与校园推广相结合等方式，将设计成果进行转化落地，为“农产品上行”和“特色工业品下行”赋能，助力乡村振兴，保证了专创深度融合教学过程的有效性。

4. 成果评价：形成“协同理论”的“政校行企”多元质量评价

高职创新创业教育系统具有复杂开放系统的基本特征，应当运用协同理论进行研究及指导。开发多方参与的立体化递进增效评价体系。在实施专创融合成果的评价中，由之前单一的任课教师评价逐渐转变成“政校行企”多元协同质量评价，摒弃学生纸上谈兵式的项目设计，使学生的创新创业活动从双创项目挖掘到项目落地再到项目评价，形成一个有章可循的完整闭环。在双创导师的具体指导下，众创空间的落地项目开展项目团队组建、运营管理、方案设计、市场营销及策划等创业活动，项目不断得到推进，项目成效不断凸显。在此过程中，“政校行企”多元协同，对落地项目的品牌影响力、推广宣传效果、销售业绩等指标进行过程评价和结果评价，有效地激发了同学们的创新创业热情，提高了同学们服务企业运营的能力、服务产业发展的动力、服务地方经济的向心力。

二、多理论视角下职业院校专创融合实践教学体系的改进策略

（一）进一步完善专创融合生态

围绕新时代创新创业教育改革要求，落实立德树人的根本任务，以社会和经济发展培养高素质、高技能人才为己任，深度融入全球创新创业浪潮之中，进一步构建开放、共享、多元的专创融合教育生态文化，形成创客生态和资源生态体系。积极参与并举办专创融合国际会议，在国际职教舞台上发出中国声音，对专

创融合课程采取“引进来”“走出去”相结合的战略，形成独具特色的专创融合实践教学体系，在推动形成国际化创新创业聚集地方面发挥着重要的引领作用，不断提升专创融合活力和国际影响力。

（二）进一步提高跨区域服务能力

在现有服务区域的基础上，积极推进交叉学科融合，畅通学生成长、成人、成才路径，拓展学生的就业创业能力。围绕产业链布局打通教育链、专业链、人才链，形成链链相通，有机衔接，不断提升点线面体的服务能力，借助“一带一路”、中国-东盟信息港等国家战略发展机遇，加强与国际区域优势产业对接，打造创新链，加强与各国创新创业领域交流与合作，不断提升国内国际专创融合服务能力。

（三）进一步促进专创融合成果转化

在现有的政校行企协同的基础上，加强与科研院所的合作，针对科研转化的实际问题，成立专创融合成果孵化器或加速器，推动知识转化成生产力。鼓励科研人员参与专创融合，并进行深度合作，对科研人员在专创融合中做出贡献的，将在职称评审、绩效考核等进行政策倾斜，从而加快专创融合成果转化速度，让更多的专创融合成果从校园走向市场，满足社会需求。专创融合成果要适应外界环境的变化，获取更多的资源，满足市场需求，同时使学校也朝着“创业型大学”迈进。

第四章 高等职业教育改革与创新

第一节 高等职业教育课程模式改革

课程模式是课程观的具体体现，是具有典型性的、以简约方式表达的、适用于一定环境并指向个性化的课程范式。换言之，课程模式是课程范式的衍生物，是课程范式转化为课程方案的中介，体现课程开发步骤（分析—设计—实施—评价）的具体思路，也是课程方案设计者可仿照的标准样式。因此，课程模式不仅是一种理念，还是一种可重复、可核查的具有实际操作意义的课程范式或标准样式。课程模式改革是高职教学改革的核心问题，在高职教育的发展过程中，出现了多种课程模式及相应的教学实践，根据高等职业教育的培养目标和社会发展的客观要求，高等职业教育课程模式改革的方向应是“素质本位”的课程模式。

一、有代表性的高等职业教育课程模式

（一）根据课程内容与实践操作整合程度分类

1. 准备型

准备型也被称为储蓄型，是最为传统的一种模式。这种课程安排的出发点是希望先前的课程可以为后续课程做基础，而后面的课程又可为毕业之后的具体工作实践做准备。这也是传统课堂的经典模式。虽然这种课程设计的出发点也是面向实践的，但实际上很容易造成理论与实践的脱离，而受教育者也缺乏实践经验，不能很好地把所学知识应用于实际工作中，这都使得课程内容与实践操作的匹配和整合程度很低。这种模式在我国目前的高等职业教育中较为普遍。

2. 交替型

交替型即通常所说的“工学交替”课程，这种课程模式在英国有较广泛的实践。这种课程模式采取学习和实践相结合的形式，但交替的周期较长，一般为一个学期，即一学期学习理论，下一学期再把上一学期学习的理论运用到实习或实践中。这种模式由于有即学即用的特点，有利于理论与实践的整合。但是一个学期学习理论、一个学期实践，这样长周期的交替，容易使学生学到的知识前后衔接得不紧密，学生对以前学习的理论知识复习也不够，知识结构缺乏连续性和系统性。

3. 渗透型

渗透型即把实践渗透到每门课的学习中的整合模式。在这种模式中，每门课程都是理论与实践的结合，并具体规定了理论学时与实践学时的比例。由于这种模式把实践有机地渗透到每门课程中，不同于交替型一个学期学习理论、一个学期进行实践这样的长周期的交替，克服了交替型的缺点，学生知识结构体系比较健全和连贯，也能实现理论与实践的充分结合。但是这种课程模式在具体实施时对教师的要求较高，实施的难度较大。

4. 双元型

双元型即以德国为代表的双元制中的课程模式。该课程模式的特点是专业设置以职业分析为导向，培养目标以职业能力为本位，课程设计以职业活动为核心，课程编制以宽基础面为基点，课程实施以双元合作（企业与学校的密切合作）为基础，教学组织以受培训者为主体，考试考核以客观要求为标准。由于其科学合理地将与专业有关的专业知识、专业基础知识及文化基础知识全部综合在一起，不强调各门学科知识的系统性和完整性，着重于整体能力培养的广泛性、融合性和实用性，是一种整合度最好的高职课程模式。

（二）根据高等职业教育课程设置关注的焦点分类

1. 知识本位课程模式

知识本位课程模式也被称为学科本位课程模式，相当于前面提到的准备型课程模式，其课程模式关注的焦点是知识或学科，强调知识的系统性和教学的整体性。这种课程模式能使学生理论知识掌握得较为全面和系统，也有一定的深度。但是，由于它重视书本知识，理论与实践结合得不够充分，受教育者的实际操作能力较差，不利于学生的能力培养。

2. 能力本位课程模式

能力本位课程模式意为以能力为基础的课程模式。这种课程模式起源于美国在20世纪四五十年代开发的以胜任岗位要求为出发点的课程模式。它有几种不同的方式，其中最常用的开发课程的方法是教学计划开发分析法。首先，教学计划开发分析法把每一个具体职业或岗位的全部工作分解为8项至12项相对独立的工作职责，每项工作职责都可看成从事该职业应具备的一项综合能力；其次，根据履行每项工作职责的需要，把每项工作职责分解为6项至30项工作任务，每项工作任务又可看成从事该职业应具备的专项能力；最后，根据职业分析确定该职业应具备的各种综合能力和专项能力，开发教学大纲，组织教学内容和教材。这种方法强调学生的主体性和学习的主动性，其教学单元也是针对某职业或岗位的全部工作中的某个相对独立、完整的部分设计的。从教育的目标上看，则充分体现了以能力为基础的教育理念，教育教学活动的目的性也更强。

3. 人格本位课程模式

人格本位的提倡者强调：首先，课程设置的目的不应以学生掌握多少知识为主，而是要唤起学生的求知欲；其次，学生所学的知识应该能够发展个人的智慧与创造力；最后，使学生在职业生活中完善自己的人格。人格本位的这种观点在终身教育思想逐渐受到重视的情况下，找到了自己的理论依据。尊重学生的学习权、教育要开发人的潜能等都是终身教育思想所倡导的，这种倡导为教育者进一步研究高等职业教育课程改革提供了一个很好的理论背景。

二、高等职业教育课程模式改革的方向——“素质本位”课程模式

目前，为高等职业教育界广泛认可并接受的主流的课程模式应当是“能力本位”课程模式。这种模式的产生基于对高等职业教育培养目标的理解和实践。现阶段，我国高等职业教育人才培养目标的主流表述是培养生产、建设、管理、服

务第一线需要的高技能人才。应该说，这种目标表述较充分地照顾了高等职业教育的个性。我国高等职业教育的发展有其明显的社会经济背景，特别强调“教育的职业性”。到目前为止，可以说，我国高等职业教育的人才培养目标更多地受经济规律、市场规律左右，“技能型”“职业性”培养目标是其展开完整教育行为的起点和归宿，由此产生了“能力本位”课程理念和模式。

（一）“能力本位”课程模式产生的背景及其局限性

我国高等职业教育是以“能力本位”课程理念和模式为依据设计各教育环节的。在最初的人才培养方案的制订环节，专业特点、行业需要是其极重要的依据。在人才培养的过程中，要聚焦实践环节，对特定职业岗位要求做细致的分析甚至流程化的分解，提出对应的技能要求并逐一训练，以期实现学校与就业岗位的“无缝对接”。这种办学理念和模式充分彰显了高等职业教育的特殊个性，也是现阶段高等职业教育的魅力所在。通过近 10 年的高等职业教育实践，高等职业教育培养了一大批面向社会、经济第一线的技能型人才，促进了社会、经济的发展，开辟了高等职业教育的一片新天地，表现出越来越旺盛的生命力。

我国高等职业教育自 20 世纪末启动以来，恰逢社会主义市场经济体制改革蓬勃发展，因此作为我国现代高等教育重要组成部分的高职教育，主要负责为社会基层第一线培养生产、建设、管理、服务所需的高等技术应用型专门人才。市场的价值取向逐步取代原有模式时，高等职业教育的价值观念不可能不受其影响。高等职业教育培养学生的职业知识与技能，使学生具有服务社会的谋生手段，因此，高等职业教育从它诞生起就受到社会的关注，就面临着对其如何从高等教育中明确分离并独立的苦苦思考与探求。有学者认为，高等职业教育“在名校林立、社会疑虑、自身嬗变的艰难历程中，逐渐以一种更接近社会需求，更贴近生活实际的亲和力，步入教育的中心舞台”。因此，高等职业教育的创办者无不宣称其主要办学思路即是培养适应生产建设、管理服务第一线需要的技能型人才。但随着高等职业教育规模的扩大和对社会、经济影响力的增强，在其发展、成熟的过程中，对高等职业教育“能力本位”课程理念和模式又可以有新的思考。

1. 高职教育是一种特殊的高等教育形式

高职院校并非职业培训所，高职教育也并非单纯的职业训练，对高等职业教育人才培养目标的实践应忠于教育规律，体现教育的共性要求。高职要在共性要求的背景下思考更贴近社会生活和职业岗位的个性化的实践。也就是说，高等职业教育人才培养目标的个性化实践应服从教育的共性化目标。

2. “能力本位”课程模式是否完整地体现素质教育的要求

任何形式的教育都应以提高受教育者的素质为主旨和要义。在人才培养目标问题上，确立何种教育理念是高等职业教育课程模式改革成败的关键。我国高等职业教育从“技能本位”“能力本位”向“素质本位”转变是一种必然趋势。传统的“分工理论”，按照职业岗位设置专业，这种以培养一线人才的岗位能力为中心决定理论教学和实践训练内容的能力本位模式，既不适应现代社会劳动力流动加剧的变化，也不能培养健全人格的人。那种把高等职业教育看成培养“技术劳动者”的观念已不能适应社会、经济发展的新形势。

3. 学校与就业岗位“无缝对接”的现实性

现代社会，职业岗位和职业生活的创造性成分越来越丰富，职业流动越来越频繁和平常。在大学生走上工作岗位初期，其接受的职业技能训练与职业岗位“无缝对接”是可以实现的。但这种“对接”是短暂的，是不能持续的。既然是不能持续的，高职教育就应在重职业技能的同时站在更新的高度实践素质化的课程模式。

（二）“素质本位”课程模式的基本内涵

教育是培养人的事业，教育的宗旨是提高人的素质，普通高等教育如是，高等职业教育亦然。人的素质是一个复杂的概念，有着非常丰富的内涵，但有两点基本的认识：一是就大的范围而言，人的素质可以粗略地从“做人”和“做事”两个方面体现；二是高等职业教育“能力本位”课程模式聚焦的“职业技能”“职业能力”不能代表职业生活中人的素质。基于此，从“做人”和“做事”两个角度诠释高等职业教育“素质本位”课程模式是比较清晰和合理的。就操作性的人才培养过程来说，一般认为，“做人”的素质依赖于良好的人文素质教育，

“做事”的素质则基于务实的职业技能教育。因此，人文素质教育与职业技能教育兼顾应是高职教育课程模式改革的方向。人文素质教育与职业技能教育的和谐统一应是高职院校设计人才培养目标的理论依据，也应是指导人才培养实践的依据。

高等职业教育首先是教育，是育人，然后才是职业教育。教育的首要目的是使人成为“人”，其次才是“才”。目前普遍认为高等职业教育的主要任务是传授知识、培养技能，是一种“技术教育”。实际上这种看法是片面的，它忽视了教育的本质。诚然，培养技术型人才是高职院校的教育目标，但是培养的不能仅仅是一个只懂计算机或只会做账的人，如果是这样的话，那么学校充其量只是一个培养“工具性”人才的作坊。高职学校在授予学生现代科学知识、技能和理论的同时，还应对他们进行有效的人文素质教育，提高他们的道德水平，教会他们做人之道，使他们真正成为心智与人格全面发展的有用之才。

“能力本位”课程模式特别强调“教育的职业性”。因此，有专家认为，重技术教育、轻人文教育是我国高等职业教育的天生缺陷。加之近年来日益加剧的就业压力，使得我国的高等职业教育将本应综合培养“人”的教育问题过分聚焦于培养单纯的职业技能。这与“教育的对象是人”相悖。我国的高等职业教育在这一背景下运行，势必导致培养目标的单一化，导致教育的功利化，其结果必然是学生的片面发展。这种弊端的出现，主要有两方面的原因。一是对职业教育个性的过分关注。职业教育的“职业性”只能在“教育”的背景上展开，“职业性”的前提应是“教育性”。二是对高等职业教育“以就业导向”的错误理解。“以就业为导向”实际上是关注职业需求，表现为按照职业需求设计高等职业教育人才培养方案和具体的教学运行，这种理念和思路体现了高等职业教育的特殊规律，也是高等职业教育的个性所在。但现实的高等职业教育实践对“职业需求”做了片面的理解，人们重视的职业技能只是职业需求的一方面，职业需求的另一方面是职业岗位所要反映的社会文化内容，具体体现在劳动者身上，就是指其人文素质。由此可见，高等职业教育的培养目标不应单纯地体现为培养会做事、能做事的人，“做人”是“做事”的基础，“做人”和“做事”是大学生应具备的双重素质，即“人事相宜”，两者不可偏废。

高等职业教育作为教育体系中相对独立的系统，是以行业和职业的需求为主要价值取向的，因此“职业化”意识和技能就成为高等职业教育的重要目标。以国际通行的概念分析，职业化的内涵至少包括三个方面：一是以“人事相宜”为追求优化人们的职业生活；二是以“创造精神”为主导开发人们的职业意识；三是以“适应市场”为基础涵养人们的职业道德。对于职业资质来说，包括职业岗位需要的和任职者供给的知识、能力素质结构，以及两者的相宜，都体现了对技术和人文素质的具体要求。因此，“人事相宜”应是职业化的基本准则，它既关注职业能力的重要性，又没有将职业能力视为职业岗位对人的静态的和被动的要求，而是站在人与职业的相互关系的角度，高度重视人的主体性和能动作用。人对职业的社会、审美、经济及自我价值的体验都会直接或间接地影响其职业能力的发展，以至于直接或间接地影响人与职业岗位的相宜程度。

综上所述，高等职业教育“素质本位”课程模式并未忽视职业能力教育，相反，它以一种更牢固、更稳健、更人性化的方式推进职业能力教育。只有基于这种课程模式而展开的高职人才培养活动才是贴近真正意义上的职业生活的，同时才能培养出“人事相宜”的现代职业人。

第二节　高等职业教育综合改革

一、以就业为导向的教学体系改革

近年来，随着我国高等教育规模的急剧扩大，高等职业教育也异军突起，实现了跨越式发展，适应我国社会主义现代化需要的高等职业教育体系逐步建立。

高等职业教育的根本任务是为社会经济发展培养应用型的高技能人才。高技能人才是推动技术创新和实现科技成果转化的重要力量。社会经济发展的新形势使人才结构的要求发生重大变化，对掌握实际应用技术及面向生产、服务和管理第一线的各类专门人才提出了更为迫切的需求。以就业为导向，切实深化高等职业教育改革，成为满足我国社会发展和经济建设需要、促进高等职业教育持续健康发展的紧迫任务。

高等职业技术教育作为大众化时代高等教育的一个重要组成部分，它的培养目标与学术型高等教育有很多不同。学术型高等教育以培养学术型人才为主，而高等职业技术教育则主要培养应用型的技术人才，是以就业为导向的教育。课程是实现培养目标的载体，是决定人才培养质量的关键，什么样的课程就会造就什么样的人才。这就要求高等职业技术教育在课程理念、课程结构和课程实施等方面都应有不同于学术型高等教育的标准和做法。

(一) 就业导向对高职教育提出的基本要求

以就业为导向的高职教育必须以市场所需要的人才素质为出发点和归宿，以毕业生的充分、高质量就业为基本的办学目标。以就业为导向的基本要求可以概括为以下三点。

1. 就业导向要求高职教育以人才市场的需要为导向

高职教育主要为社会培养并输送生产、建设、管理、服务第一线人才，其人才培养工作应该坚持以人才市场的客观需求为导向。这要求高职教育要坚持以产业结构的调整为依据，瞄准产业的发展与调整的进程，对专业设置和课程体系进行适当的调整，培养市场所需要的人才，促进人才就业。

2. 就业导向要求高职教育以应具有的职业素质为导向

高职教育应当以人才市场所需要的全面素质为要求培养学生。一是要重视思想道德素质、人文素质课程的设置，以适应就业市场对人才综合素质的要求。二是要以培养专业技术技能为重点。高职教育应加大培养人才的专业技能素质的力度，通过精选专业课程、加快理论和实践教学的建设与改革、及时增设行业发展的前沿课程实现专业技能素质的提高。三是要坚持培养创新素质。高职教育虽然培养的是应用型人才，它在人才创新素质要求上与学术型人才创新素质的要求不同，但其培养的学生也必须具有创新意识、创新精神、创新能力，这是竞争时代高技能人才必备的素质。

3. 就业导向要求高职教育以应具有的综合职业能力为导向

当前人才市场要求大学生具有较强的职业能力、竞争能力、终身学习能力。

因此，高职教育应该科学地设计培养学生这些方面能力的课程和教学体系，增加培养职业能力的教学内容。产业结构的调整及就业竞争，使得每一个就业者不会一生固定在一个职业岗位上，这就要求每个人都应该树立终身学习的观念，培养终身学习的能力。提高学生的就业竞争力既与高职教育课程体系的设置有关，又与教育教学质量有关。高职需要坚持以提高学生就业竞争力为人才培养工作导向，进行不懈的努力，才能达到办学目标。

以就业为导向，以能力为核心，面向市场、面向技术、面向应用，培养综合素质优良的高级技能人才，是当前高职教育的办学方向，而要坚持这样的办学方向，构建以就业为导向的课程体系是关键。

（二）以就业为导向的高职教育课程理念

1. 技术核心而非学科中心的课程知识观

课程以知识为载体，是知识以一定的形式呈现的为学生的发展设定的一条前进的轨道。在传统的高等教育中，作为课程载体的知识是以学科为中心的学科知识体系，学生学习这些知识的目的在于认识世界，在于让其能以一定的理论、系统和模式把握这个世界。学生在学习中运用最多的是演绎思维，教学中进行的实验也只是为了验证理论，而很少是为了应用理论。这种以学科知识体系和理论思维训练为中心构建出来的课程和教学模式，是学术型大学的课程观。

随着工业化时代的到来和深入发展，技术发展的深度和广度都明显超过科学的成就，科学与技术已形成一个双向作用的格局，这种状况使得高等教育结构必须做出相应的调整。传统学术型大学已经远远无法满足整个社会对高等教育发展的需要，而高等职业技术教育正是应现代技术发展和产业结构调整需要而产生的现代新型高等教育。作为以培养实用型高级专门人才为主的高等职业技术教育，由于其培养人才的目标并不是学术型人才，其课程内容就不应以学科知识为中心，而应以技术知识为核心。这种应用型的技术人才是面向市场的、具有一定实际操作和动手能力的人，他们作用于世界的方式不是用纯粹的知识去认识世界，而是运用一定的技术、工艺和操作来改造和建设世界。在这个过程中，他们运用的往往是归纳思维，他们掌握技术是为了工程化、为了应用。这种以技术知识体系和技术能力的获得为核心构建的课程与教学模式，是现代技术型大学的课程观。

学术型大学的课程观与技术型大学的课程观，是两种不同的高等教育课程体系的建构理念。前者服务于学科建设和知识积累的目的，是几百年来大学这种机构留给现代大学的珍贵财富，其存在的合理性在于大学作为文化的传承机构，不仅担负着文化传播而且担负着文化创新的功能。后者服务于技术开发和职业训练的目的，是近代工业社会对高等教育发展的新要求，其存在的依据在于其是现代高等教育功能的延伸，尤其是高等教育经济功能的突显。在现代，高等教育的文化传承与创新功能仅仅是其功能中的一部分，是小部分精英大学应该承担的主要功能，大部分高等职业技术教育的社会功能应是为社会经济发展输送合格的技术型人才。这就要求高等职业院校的培养目标要贴近市场需求，培养市场需要的人才，做到人才的培养和社会的需求与产业结构的需要保持一致。因此，高等职业技术教育的课程理念从技术出发而非从学科出发就是一种必然的选择。

2. 适合学生身心发展的课程价值观

高等职业技术教育的课程以技术知识为载体，这只是表达了课程的内容和组成要素，是课程静态的一面。事实上，课程目标的最终实现还在于这些知识技能是如何内化为学生的身心素质的，这一过程就是课程动态的一面。传统课程观注重课程作为知识载体的静态的一面，对课程的建构注重知识的系统性、完整性。现代课程观对课程的理解不断地拓展，已经远远超越了课程静态层面的关注，而注重课程动态层面的达成。后现代课程观更是强调课程作为过程的意义大于知识的掌握，要关注作为发展主体的学生的个人能动性和主动性的发挥。这是因为人们正深刻地意识到课程目标的实现越来越依赖于学习者主体的个人参与和积极行动，因此对课程的建构应该越来越多地考虑学习者的特点。

现代高等职业技术教育课程的构建也应如此，在以技术为核心的前提下，能不能更好地结合学生的身心发展水平也是其课程能否成功的一个关键因素。学生的身心发展水平有两个考查层次：一是学生的现有发展水平；二是学生的最近发展区。前者是课程构建的起点，后者是课程构建的阶段性目标。在这个意义上，提出了教育质量的含义能让每个学生在原有的水平上有所提高，这不仅是科学的，更是务实的。

学生的现有发展水平又可以分为两个方面：一是知识能力方面；二是学习的心理、态度、情感方面。在我国，现阶段进入高等职业学院的学生，在这两个方面都与进入学术型大学的学生有着很大的差距。由于中等教育存在明显的应试教育倾向，还是以学生对理论知识的系统掌握和发展学生的理论思维能力为主导的。而事实上，并非每一个学生都具有这种个性和人生发展的倾向。那些不能适应中学应试教育的学生，他们在中学的学业成绩上是落后的，在理论知识的学习上是不足的，同时也往往导致他们学习目标、学习动力的缺乏，而恰恰正是这样一批学生走进了高等职业学校。

然而，这并不意味着他们不能在未来创造出辉煌的业绩。著名教育家杨叔子曾说，没有工科就没有一个民族的今天，没有理科就没有一个民族的明天，没有文科就没有一个民族的后天。这也能说明培养工科型的应用类人才是一个民族发展的当务之急。此外，现代心理学研究表明，人的智力类型是多种多样的，一个人在理论学习中的失败也许恰恰证明他在其他方面有过人的地方。基于上述认识，教育者在课程体系构建中应努力寻求职业需要与学生发展的最佳结合点。

3.“以学生为主体”的教学观

教学是课程的实施过程。教师在教学过程中遵循什么样的指导思想去落实课程会影响课程目标的实现。在教学过程中就应遵循“以学生为主体”的教育理念。“以学生为主体”已成为学界共识，然而在实践上往往不尽如人意。

落实这一理念的关键是参与。要让学生参与教学的各个环节，给学生提供“自学的机会、动手的机会、表达的机会、创新的机会”。这种参与是在教师指导下的参与，学校给学生创造一种环境，让学生在参与过程中学会学习、学会做事、学会做人。

培养学生的自学能力是让学生学会学习的重要途径。学生只有把读书当成自身的要求，才会取得自我获取新知识的基本能力，这是大学生应该做到，而且能够做到的。

要培养学生的动手能力，使学生能将学到的知识、技术运用到实际中去，这对于大学生来讲，是至关重要的。

因此，凡是实践性强、操作性强的课程，应该从以课堂讲授为主转变为以实验、操作为主的方式，积极建立校内外实习实训基地，给学生创造更多更好的实践环境、动手环境。

表达能力包括书面表达和口头表达，这是我国高等教育中常被忽视的一个环节。口头表达能力不仅是未来开放社会对学生的要求，是人际交流的需要，而且也是一种促进思维、促进创新活动的重要方式。一个人只有在对他人表达自己的见解时，才能发现自己认识的不足，才能促进新思想、新观点的生成。

高职院校要创造条件，提供包括口试、讨论、各种演讲比赛等多种途径，让学生有更多的机会提高表达能力。创新是素质教育的重要目标，对高职教育而言，创新的重点首先应放在技术、工程、操作层面，对学生在任何方面的创新活动、创新成果，不论是一项新技术、一种新工艺、一篇技术论文或者获得竞赛奖等，都要给予充分的重视和肯定，从而形成有利于学生创新的氛围。

（三）高职课程体系构建策略

按照何种逻辑思路来设置课程，取决于遵循何种课程理念。按照不同的逻辑，能够开发完全不同的课程体系，从而建立完全不同的课程内容选择和编排标准。例如，当前职业教育课程存在的主要问题是仍然遵循学术型本科院校学科课程三段式的逻辑，如果不使课程设置逻辑发生根本改变，就无法彻底动摇学科课程在高职教育中的根基。

高等职业技术教育既然是以就业为导向的，是不同于学术型高等教育的技术教育，那么它的课程设置就应该有不同于学术型大学的设置思路。传统学术型大学的课程设置是遵循以学科为基础的“公共基础—专业基础—专业”三段式的逻辑思路设计的，可称为课程的“顺向设计法”。高等职业技术教育重在培养第一线的应用型技术人才，其课程设置就应该以职业技能为核心，把职业技能的掌握放在第一位，同时关注学生全面素质的提高。高等职业技术教育的这种课程设计所遵循的路径与学术型大学的课程形成路径是相反的，可称为课程的“逆向设计法”。

1. 逆向设计法

课程体系的构建是实现高职人才培养目标的关键。与学科性课程体系的设计相反，逆向设计法以职业岗位的要求为起点，逆向设计课程体系：首先，根据行业或领域职业岗位要求（人才市场需要），分析确定人才应具有的关键职业技术、技能、职业素质，据此设置所需的核心技术课程和职业技能课；其次，确定核心技术课之外的、专业必需的技能课；最后，根据核心技术课、职业技能课的需要，从高职教育对学生的政治思想素质、身体心理素质、人文素质、科学素质的全面要求出发，设计基础课和特色课程。以“逆向设计法”构建高职课程体系，始终坚持就业这一导向，牢牢把握人才市场的需求变化，有利于提高学生就业竞争力，提高就业率和就业质量。

2. 逆向设计法的优越性

（1）明确构建课程体系的逻辑思路

“逆向设计法”所依据的人才培养的目标是通过对就业市场进行的综合分析确定的。通过对就业市场的综合分析，紧密跟踪人才市场需求的变化，调查、预测用人单位的需求和家长、学生的就业期望，奠定了技能型人才培养的现实基础。逆向设计法从方法上保证了课程体系是以就业为导向的，为学科性课程体系“破除”后“创新”高职课程体系提供了一种解决策略。

（2）以满足劳动力市场的需求作为构建课程体系推动力

在社会主义市场经济条件下，社会需求是推动学校发展的根本力量，以培养高技能人才为己任的高职教育的发展动力是劳动力市场的需求。人才市场需求推动着高职课程体系的发展，据此构建的课程体系也随着人才市场需求的变化而变化，不断得到丰富和发展，因此也是动态的、开放的课程体系。

（3）构建课程体系为提高学生就业和创业能力奠定了基础

就业是职业教育服务经济社会的结合点，就业和创业都必须通过适应劳动力市场的需求来实现。利用“逆向设计法”构建课程体系为提高学生就业和创业能力提供了机制保障。

（四）“层次-模块”课程体系

高技能人才培养的核心问题是课程的设置与建构问题。基于此种认识，以高职课程改革为突破口，依据高职课程体系构建的原则，采用“逆向设计法”，构建了以职业技能为核心的“层次–模块”结构的高职课程体系。这一课程体系由核心层、支持层、基础层、特色层 4 个层次和 14 个模块的课程组成。

1. 核心层

核心层设置“核心技术课”和“职业技能课”两大模块，其内容按照职业群共有的基础技术和基本技能整合而成，是教育教学的中心内容，并要在时间、师资上予以优先保证。

核心技术课模块，覆盖了该专业对应职业岗位群所需的最基本、最主要的知识和技术，在教学上侧重于技术原理、技术方法的讲授。每个专业设立五门至六门核心技术课程，保证学生有足够的时间和条件学好这些课程，掌握本专业必备的知识和技术，确保学生有一技之长。

职业技能课模块，这是强化培养学生的动手能力、操作技能的课程。该模块重在对职业基本技能的培养，如各专业的计算机应用课程即属此类课程。这一模块的课程强调职训、实训、实验、上机等实用性操作训练，以满足第一线应用技术人才的实际需要。

2. 支持层

针对职业所需，在专业技术知识课堂教学的基础上，开设职业考证、职业培训、专业实践等课程，以强化操作能力训练。为此，围绕着核心层，应设计“专业技术”“职业考证”“职业方向”三大模块的支持层。

专业技术模块，是指各专业除核心层外需要开设的专业技术课，这是对核心技术课程所需专业知识的强化、拓宽和补充，以使学生进一步理解本专业的核心技术课，强化技术操作，熟练和丰富技术操作经验。该模块也包含各类实验课程。

职业考证模块，旨在保证职业资格的获取，落实双证制度。双证制度即每一个毕业生必须具有毕业证和一份职业技能证书。这一模块重视职业技能的能力考核，将职业考证的相关课程引入日常的学历教学中，并由经验丰富的各专业教授有针对性地开设辅导讲座，对所有报考学生进行系统培训和模拟训练，从而使学生取得相应的职业资格或职业证书。

职业方向模块，以当前职业市场的需求为准，每个专业设立三个左右的专业方向，在第四学期按照学生的学习兴趣对他们进行职业分流。此模块侧重对学生进行校内外职业培训，让学生在真实或仿真的职业环境中，接受本专业职业岗位的专项培训，学以致用，将储备的职业技能知识应用于实践。

3. 基础层

基础层课程为学生提供大学生必须具备的科学、文化、身心、素养等方面的基础知识，重视培育学生的人文素养和科学素养，是职业院校区别于职业中专的重要标志之一。基础层主要包括高等数学、大学语文、英语、“两课”、体育等课程。基础层的课程设置以“够用、管用”为指导方针。这里的“够用、管用”不是由任课老师来决定的，而要由专业课老师决定。在这个模块中可以遵照以职业技能为核心的宗旨，结合大学生文化基础相对较差的实际，对基础层课程进行大幅度的课程改造。

数学模块：实施课程小型化改造，将数学课程按知识点分解为初等微积分、矩阵代数、统计方法、积分变换、图论初步、集合论初步等六门小课程。各专业可根据专业需要从中选取若干小课程，既有利于学生对知识点的全面掌握，又能充分体现基础层课程服务于专业的特点。

人文模块：根据各专业的实际需要，将“大学语文”改造为“专业应用文写作”，各专业根据本专业的常用文体设计课程内容，使学生通过本课程的学习，更好地掌握和利用相关文体，为自己的职业需要服务。同时，使该课程和诗文与修养、院定人文选修课形成一个人文模块，以切实提高学生的人文修养。

“两课”模块：在内容上包括“哲学”“法律基础”“思想品德修养”“形势与政策”五门课程。该类课程在教学组织形式上应实现多样化，如讲座、专题片、电影、参观等；在教与学关系上，要重视学生总结、讨论小论文等参与式的研究性学习，以调动学生积极性和学习趣味性。

4. 特色层

在上述三个层次的基础上，还应为学生设置富有特色的特色课程，包括过程性课程、心理健康和职业指导课、选修课三大模块。

过程性课程模块，是在“以学生为主体”的理念指导下，为给学生提供更多的自学的机会、动手的机会、表达的机会、创作的机会而开设的。过程性特色课程包括“诗文与修养”“企业家之路”“高新技术概论”等，让学生通过自己收集资料、自学、讨论、总结并报告，参与课程的学习之中，并通过研究性学习，增强学生的参与意识和自学意识。

职业指导和心理健康教育模块，包括“职业生涯规划”“职业道德与素质”“心理与情商”“礼仪与公关”四门课程。主要目的是提升学生综合职业素质，提高生活品位。

选修课模块，以人文课程为主，兼有科技、管理、文体类等课程，为学生多方面个性发展提供帮助。要求所有专业学生在人文、经管类中至少选一门课，而且每个学生在选修课模块上至少要获得10个学分。

“层次–模块”结构的课程体系特点是：各层各模块均紧紧围绕职业技能这个核心，突出这个核心，再按核心课程的需要逐层服务于核心，形成了一个围绕核心环环相扣的课程总体结构。这种结构由内到外依次体现出“职业技术核心”“动手能力优先”和“注重人文和科技素养”的高职课程设计原则。这一课程体系结合“2+1”教学模式和分流培养措施，构成一个比较完整的高职人才培养体系。

总之，在课程改革的过程中，要坚持以技术为核心的课程观，基于学生发展的现实基础，贯彻“以学生为主体”的教育理念，运用逆向设计法，形成有特色的高职课程体系。

二、“双证制”改革

（一）“双证制”的含义

“双证制”是指在高职院校学生中推行的学历证书、职业资格证书并重的制度，旨在加快培养大批具有必要的理论知识，又掌握职业操作的基本技能，熟悉本行业运行过程和管理，并具有一定现场解决问题的能力和综合能力的技能型、复合型的高层次人才。其基本思路是，对职业技术院校全日制在校生实行“一教两证”制度，即一种教育形式同时颁发学历证书和职业资格证书。现阶段，职业资格证书是指劳动者按照国家指定的职业分类、职业标准或从业资格条件，由政府认定的考核鉴定机构对其技能水平或职业资格进行评价和鉴定之后，获得通过的凭证。而学历证书通常是指一个人在国民教育系列中所接受的某一层次教育的证明，是受教育者综合文化素质和教育水平的反映。在我国，学历证书与职业资格证书是不同教育或培训体系下的产物，两种制度在其结构、依据和培养方式、培养目标等方面既有一定区别，又互为联系与补充。

（二）高职院校推行“双证制”的必要性

1. 有利于高职院校明确培养目标的定位

推行“双证制”，可以有力保障高职教育的准确定位，即高职教育是培养既具有必要的专业理论知识，又具有较强的实际操作技能，能在具体工作中组织生产、解决技术问题的人才。高职教育是否达到以上培养目标，除按照教学计划完成学业获得学历证书外，还需要有一个社会与人才市场认可的更直观的标准来衡量。劳动、人事部门制定的包括专业技术系列的职业证书、特殊行业的执业资格证书、特殊岗位的上岗证书及技术工人等级证书在内的这类职业资格证书，能更直接、更准确地反映从事某种职业应具有的实际工作能力，是持证者知识、技能、能力和综合素质的体现与证明，也是持证者能够直接从事某一职业岗位的凭证。

2. 实施“双证制”是促进高职院校教学改革、提高教学质量的需要

高职教育的培养目标是技术应用型人才，以学历文凭为主的证书制度在一定程度上能评价学生基础理论知识的掌握情况及其综合文化素质状况，但是忽视了对学生实际技能的检测。而职业资格证书制度作为一种校外评估制度，其职业资格的标准直接由企业等用人单位和行业协会等组织参与制定，注重学生实际能力的考查，从而推动了职业教育教学内容的改变，使职业教育更加注重实际技能的培养，促进职业教育质量的提高。

3. 推行“双证制”有利于高职教育的师资队伍建设，提高教师双师素质

在推行“双证制”实施职业技能培训和鉴定过程中，教师根据需要参加职业

技能鉴定考评员培训，通过培训拿到考评员证书，或考取相应的资格证书。这在一定程度上能加速教师队伍建设，有利于既能传授知识又能培养能力的“双师型”优秀教师的培养。

4. 推行“双证制”有利于提高学生的综合素质，增强就业竞争力

社会与人才市场对应用型人才的要求越来越讲究“适用”和“效益”，要求应聘人员综合职业能力强、上岗快，不须培训就能独立从事某一职业岗位工作。为适应社会与人才市场的这一要求，高职院校必须实施“双证”制度，让毕业生除具有学历证书外，还要有证明能从事某一职业岗位的职业资格证书。当前的毕业生就业情况也证明，无论是高职高专毕业生，还是更高学历的毕业生，谁持有职业资格证书和技术等级证书，谁就能在人才招聘中有比较多的就业机会和选择余地。

（三）高职院校实施“双证制”的对策

1. 对国家政策的建议

第一，加强职业资格证书制度的有关法律体系建设，并严格推行劳动准入制度。建议国家政府职能部门全面推行和严格执行劳动准入制度，颁布相应的政策、法规，扩大劳动准入制度的实行范围，对违反劳动准入制度的企业及单位进行惩戒。同时实行对不同职业（工种）按职业资格证书的不同等级要求，制定工资指导价位的制度，引导企业在制订内部收入分配方案时，将职工工资与技能水平挂钩或按职工技术等级的不同给予相应的技能津贴，促进企业建立培训、考核与使用相结合并与待遇相联系的激励机制。

第二，建议国家设立专门研究、制定职业资格标准的工作机构，吸收人事、劳动保障、教育及有关行业部门参加，统筹管理职业资格标准的设计、制定及颁发管理工作。各级政府也应设立相应的机构，统筹管理职业资格证书的考核、鉴定、发放工作，加强职业资格证书的规范管理，提高证书在社会上的声誉和作用。

第三，花大力气整顿鉴定机构，提高人员素质，降低收费标准，制止其利用证书牟利的行为。

2. 学院内部对策

（1）根据本专业的定位确定应考证书

应考证书的确定要以专业培养目标要求的专业技能为依据。各专业应以自身的培养目标为出发点，对学生的培养规格进行准确定位，然后选取相对应的证书作为本专业的核心证书，让学生掌握本专业的核心技能。

（2）选取合适的证书

高职院校要从自身特点出发，结合学生的基本情况，选择适应学生基本情况的证书等级，不能过高也不能过低。盲目地追求高等级的证书会影响学生的取证率，也会打击学生考证的积极性。过低等级的证书则使学生在就业过程中不能发挥证书应有的作用。所以说，证书等级的选取是高职院校必须重视的环节。

（3）重视证书的社会认可度

不同部门在颁发证书时的偏重是不一样的，如物流、单证由商务部颁发，职业技能类证书由人力资源和社会保障部颁发。所以，不同领域的证书对发证部门要求也很重要，这涉及证书的社会认可度问题。

（4）重视证书所要求的技能与实际掌握技能的匹配程度

技能证书要求学生掌握相关的技能，使学生步入社会后直接可以上岗操作。目前大多数证书也明确提出了对各种技能的要求，但在真正的操作过程中，学生却仅仅是学习理论知识，考试也更多的是对理论知识的测试，仅通过一张试卷来完成。完全撇开技能操作的考核，导致证书对技能的要求与学生技能的实际掌握情况不相符合。这就要求高职院校在证书选取的过程中，一定要了解相应的培训内容、课程安排及考核方式等。

（5）教师必须先行一步

教师作为证书培训的最终实施者，应该对证书的难易程度、考核方式、应用领域等方面有一个全面的了解。而想认识这些方面的内容，培训教师必须自己先去参加该证书的培训及考试，甚至应该选择比学生更高一个级别的证书。这样方可对学生进行培训，而且在培训的过程中也能及时地发现问题。

（6）证书内容与教学内容设置相对应

高职院校应建立以行业分类的由教育界专家、当地知名企业家、工程技术专家和校内骨干教师组成的专业教学指导委员会，开展学历教育与职业技能培训相关课题研讨；以区域为中心进行广泛的调查研究，组织人员制订既符合当前高职教育特点又与职业资格要求衔接的教学计划和课程设置，编写教学大纲。

“双证制”有效提升了大学生的技能操作能力，能为大学生就业和发展搭建一个较高的起点，越来越受到高职院校尤其是理工类院校的青睐。“双证制”对于高职院校而言，除能检验其是否按照培养计划完成学业获得学历证书外，还能衡量学生的技能是否达到社会要求的标准。所以说，高职毕业生能否拿到这类证书，在很大程度上能反映高职学校是否使学生达到了培养目标。总之，高职教育实施“双证制”势在必行，尽管在实施过程中会遇到这样或那样的问题，但在政府和有关部门的大力支持与推动下，经过高职院校的努力，“双证制”一定能得到普遍实施，进而促进高职教育的改革与发展。

第三节　现代学徒制人才培养模式改革与实践

面对“调结构、转方式”的发展环境，以及“中国制造 2025”“互联网+”等国家战略的实施，产业转型升级对我国高职院校人才培养模式改革提出了新要求，而现代学徒制的特点契合了产业结构调整对技术技能人才培养的新要求。

一、学徒制的历史传承与时代要求

学徒制作为古代较为典型的职业教育形式之一，伴随手工业的兴起和发展，曾经在技艺传承、产业振兴和社会进步中发挥过极其重要的作用，中华人民共和国成立初期，我国针对失业人员开展的学徒培训极大地提升了劳动人民的就业能力。进入 21 世纪，随着全球化进程的加快，产业发展对技术技能人才培养不断提出新挑战、新要求，越来越多的国家开始认识到学徒制的重要价值和意义。

二、现代学徒制的内涵、特征及主要作用

（一）现代学徒制的内涵

现代学徒制是一种将传统的学徒培训同现代的学校教育有机融合的现代职业教育方式，是由学校和企业深度合作，通过校内知识学习与企业学徒培训“工学交替、亦工亦读”方式共同培养技术技能型人才的职业教育形式，是现代职业教育和培训体系的重要组成部分。

一是政府主导，学校、企业、行业协会等多元参与，各自承担着不同的角色与功能。

二是有着明确的教学内容和课程安排，并通过规范的教学标准和评估体系开展考核，确保人才培养的质量。

三是师徒关系并非传统学徒制的“一对一”，可能是一师多徒、多师多徒，也可能是团队型的师徒关系。

四是有着科学的管理制度和运行机制，政府、学校、企业、行业协会等各方的责权利明确清晰，体现了现代学徒制的科学性和规范性。

（二）现代学徒制的特征

一是学校和企业双主体。在现代学徒制中，合作学校和企业共同承担学徒培养的责任。其中，学校的专任教师负责专业基础知识的讲授工作，企业的技术人员（师父）负责专业技能的培训工作。学校课堂教学和企业一线现场教学有机融合，实现学生技术技能的积累。

二是学生和学徒双身份。现代学徒制培养的对象，在学校进行知识学习时是学生，在企业由技术人员（师父）带领着实践时就是企业的学徒，身份“双重”。这样，一方面，学徒在企业实践时享有企业薪资津贴待遇，自身对接受培养有着更大的积极性；另一方面，合作企业也会更加愿意、更加主动地为学徒培养投入资源。

三是教师和师父双导师。校企双方根据学徒培养目标，择优确定专业教学团

队，组建“教师+师父”的双导师教学团队，根据人才培养方案和岗位对技能的要求，部分课程教学以学校的教师为主，部分课程教学则以企业的技术人员（师父）为主。

四是学校与现场双基地。“做中学，学中做”是现代学徒制培养的核心学习方式，学生不仅以学徒身份在生产一线学习，还以学生身份在学校学习，这样学习的技能及知识就能紧密贴合岗位实际和发展需求。同时，不再安排固定的上课时间，而是根据生产需求和实际进行安排，学生可能是白天在生产一线实践，晚上或周末针对岗位进行理论知识的学习。

五是理论知识和实践过程双考核。考核强调的是注重课程学习及实践过程的双元考核，不再是注重单一结果的结果性考核。考核内容既包含团队的协作、学习或工作的态度，也包括专业的技能和知识等各个方面。

六是毕业证书与任职资格证书双融通。经过考核达到要求的毕业学员，学校将发放相应的学历证书，企业则发放相应的职业资格证书，提高学生的就业竞争力。

（三）现代学徒制的作用

一是有利于提升高职院校学生顶岗实习的质量。以往学生在企业实习中，主要身份是学校的学生，企业大多只从生产和成本的角度给学生安排实习岗位，学生积极性不高、实习效果不好。在现代学徒培养过程中，企业也是育人的主体，必然会根据人才培养方案寻找合适岗位，主动安排有经验的师傅对学生进行指导，并加强对学生企业实践过程的考核，提高学生企业实习质量。

二是有利于促进学校人才培养与企业紧密对接。高职院校开展技术技能人才培养的出发点是满足行业企业的需求。开展现代学徒培养，将按企业的需要制订人才培养方案和设置课程，充分调动了企业的积极性。在实施的过程中，学生也能够接触和使用最新的设备，掌握最新的技术和方法，最大限度地促使所培养的人才与企业对接。

三是有利于调动高职院校学生学习的积极性。在现代学徒培养中，学生在企业实践时的员工身份，有利于促进企业提高自身责任感，保障学徒的合法权益和工资收入。此外，学徒完成培训通过考核之后，即可获得在全国通行的国家职业资格证书，拓宽了学生未来就业范围，也有助于提高学生的学习积极性。

三、全面推进现代学徒制的对策方略

（一）完善法律体系，保障各方权益

基于现代学徒制的人才培养模式改革在我国处于起步试点阶段，现有的关于现代学徒制的规定大多是国务院、国家教育部或人力资源和社会保障部近几年内出台的政策文件，这些文件对参与现代学徒制的各方权益和义务缺乏明确的法律约束规定。例如，企业开展现代学徒制的最大动力是为毕业学徒留在本企业工作提前做好人力资源储备，但实际上，毕业学徒是否愿意留在培养企业工作有较大的不确定性，现有的法规对毕业学徒留在培养企业工作无明确约束条款，“为他人作嫁衣裳”成为经常性现象，导致推进现代学徒制出现“校热企冷”的现象。我国推进现代学徒制在某些背景方面和英国很相似，都需要政府大力推进，需要法律给予保障。政府需要加快制定责任共担、利益共享的职业教育法律体系，给高职院校、企业以明确可依的政策导向和制度保障；明晰企业参与现代学徒制的责任和义务及权利，明确学徒的权益及毕业学徒必须留在培养企业工作的年限等，确保参与现代学徒制的学校、企业及学徒等各方都能吃下现代学徒培养的“定心丸”。

（二）建立专门机构，加强组织协调

行业协会也没有充分发挥沟通政府、学校与企业关系的桥梁纽带作用，制约了现代学徒制的推进。我国可借鉴丹麦等国成立国家和地方职业教育委员会等经验，从中央到地方都建立起相应的校企合作管理机构，专门负责解决“现代学徒制”人才培养模式推进过程中遇到的各种问题，协调参与企业、学校、学生等各方利益关系。同时，进一步明确行业协会在推进现代学徒制中的地位、作用和职责，赋予行业协会足够的职权和义务，支持和鼓励行业协会参与职教体系构建、人才标准制定、产教融合项目运作等方面的工作。

（三）设立专项基金，提高多方参与热情

在现代学徒制中，企业是培养主体之一，从成本的角度来说，企业需要承担企业师傅薪资、学徒津贴和设备、原料损耗等方面的成本。国爱教育部首批试点现代学徒制项目，到目前尚未有明确的专项经费标准，企业不太愿意自行承担相关费用，再加上企业担心培养出来的毕业学徒跳槽到其他单位，导致培养学徒的企业出工不出力，现代学徒培养还处于浅层次的状态。我国应借鉴西方发达国家的做法，建立“现代学徒制”专项基金投入机制，经费由政府拨款或税收抵冲减免组成，采用商业化的拨款方式，根据现代学徒制培养的规模数量和培养质量，以合理的生均经费标准给予培养企业和学校资助，这样既能减轻企业的负担和投入顾虑，又能使企业更加愿意参与“现代学徒制”的人才培养。

（四）加大宣传力度，营造整体氛围

现代学徒制的特点与现代产业对技术技能人才的培养要求有着高度的一致性，现实的情况是高职院校对此有着较高的认识，企业却认识不足，且企业对于自身培养技术技能人才的社会责任也缺乏足够的认识。政府应进一步大力宣传和营造“劳动光荣、技能宝贵、创造伟大”的社会氛围，让企业充分认识现代学徒制对于经济转型和产业发展而言的重要作用，增强企业的社会责任意识，最终以自身的实际行动支持和参与现代学徒制的推进实施。在这一过程中，高职院校也要狠抓服务企业的水平和能力，在服务企业的过程中提高企业参与现代学徒制的热情，推动现代学徒制更好地服务于新常态下经济转型和产业升级，更好地服务于“中国制造 2025”等国家战略。

第五章 高职院校专业群建设与国际化发展

第一节 高职院校专业群与产业群协同发展

一、专业群建设相关概念界定

（一）专业建设概念的界定

对于高职教育来说，专业建设是一项系统的工程，同时也是提升教学质量的重要举措，在教学研发、规划过程中，需要不断地完善和发展，并在研发的基础上提高教学质量。在目前的认知范围内，关于专业建设的内涵，可以分为两种观点。一种观点认为，专业建设是专业自身关联的重要因素的组合，因而称其为构成因素学说，对于这种观点，很多人认为，专业建设是课程建设的核心，在建设过程中，建设一支专业的师资队伍既是师资教育的核心，也是专业建设的保证，建设实训基地就是重要的发展方式。另一种观点则认为，专业建设的基本内涵与专业的布局相关，同时也是专业课程构成的布局与规划，专业定位与目标的重点，在这种模式中，还需要进行师资队伍建设课程重点构建和校企合作等方面，在课程的结束时期还需要对其进行验收。

（二）高职院校专业人才培养目标定位和人才培养模式

国家教育部门在教育规划中明确指出，高职职业教育的重点在于能够满足产业转型和升级，以及对高新技术开发的需要，最后在此基础上，培养具有创新能力的高素质人才。在高职教育发展模式中，不能拘泥于一种定位方式，而是需要从细节之处着眼，从多个角度考虑，不拘泥于单一的定位方式，例如，在服务区域发展特色和经济产业发展与工业化和现代化方面都有很大程度上的进展和考虑，希望能够在实践路径上进行动手实践，在动手操作的过程中实现现代化动手能力体系的构建。有研究者主张，人才培养应该跟随人才培养的目标和规模进行相应的整合和安排，最后完成知识系统体系的构建研究表明，无论是校企合作模式还是工学一体的模式，在很大程度上需要人才培养模式的认可，最终实现办学机制的调整和技能型人才的培养。在高职教学的培养目标中，高素质人才的培养是重要内容，良好的职业素养和教育基础是重要的发展条件，有助于切实提高学生的专业素养。

（三）高职专业设置

对于研究人员来说，他们所涉足的领域多集中在原则、内容和方法等方面，而对于教学的实际操作训练却很少涉及，很多学者在书中全面介绍了专业设置的方法和策略，但是还有学者在我国高职院校的专业设置中进行分类和整理。例如，部分学者研究了高职教育专业目前的专业设置情况，并且在此基础上提出了相关内容的设置和安排，了解我国高等职业教育的特点，还要在专业设置方法和策略上进行安排与调整，最终实现高职教育事业的进步。同时，还要借鉴发达国家的发展经验和方法，实现教育的进步和发展，并且在此基础上归纳出我国高等教育存在的问题，对于一些技术性的内容进行开发和研究，最后还要对职业技术进行开发和整理，从而给出建议和方法，完成高职院校的建设和发展。

（四）高职专业特色建设和发展

为了对高职专业进行系统的研究，需要立足教育前线，进行有关专业的特色理论研究，并在此基础上给出对专业特色的不足之处，给出相关对策和建议。最后，作为研究者，还要理清思路，对特色专业的内涵进行整理和分析，找出它们之间的共性和个性，对专业特色建设进行调整和安排，最终找到高职院校特色建设的思路，在实践过程中需要不断寻找案例成功经验，为高职教育建设出谋划策，并在此范围内，进行专业性问题的研究，给出相关学校专业建设的对策和建议。

（五）高职专业建设的主要依据

高职专业建设要以市场的走向为依据，需要走产、学、研相互结合的道路，很多人认为，高职教育是服务社会的连接点和枢纽点，所以高职院校在办学过程中，要体现出专业特色，在专业和课程安排方面，需要进行合理规划和配置，从而提高教学质量，保障高职教育能够持续发展，并且在此道路上越走越远。高职院校如果想在社会服务上扮演重要的角色，就需要对专业和课程进行合理的规划，提高教学质量，保证高职教育的平稳运行和发展。很多教育界人士认为，高职教育的专业群建设研究需要按照市场需求和行业发展规律来划分，学校与社会的接触点在于专业的设置需要建立起二者之间的联系，并且能够根据各自的市场需求进行完整的资源调整和对接，为社会经济和教育经济的发展提供有力的武器，从而将教育和经济建设相互结合。在很多层面上，高职专业设置并不拘泥于传统思想的束缚，还要突破专业设置的限制，在专业与专业之间建立起相应的联系，从而才能在根本上解决学生所遇到的问题，反映学生的真实需求，真正做到与学校的专业建设和社会需求相互联系，在其发展过程中相互协调，共同进步。此外，还要在发展过程中以各自的专业优势作为依托，特别是一些特色产业、特色专业，需要高职院校在真正意义上重视起来，对特色专业和特色产业及重点师资教育，应以高职院校为平台，整合优质教育资源，从而实现产业规模的调整和升级，还可以将本地的地区优势作为依托，在此基础上对本地企业进行培训，丰富教育教学形式，对本地企业的培训市场进行开发和解读，最终实现丰富教学形式的目的，提升教育教学水平。

此外，从专业教育的品牌定位上来看，很多学者提出了新的主张，在推进高职院校教育的同时，很多人主张高职教育需要向大众化的方向发展，并且在开拓的过程中，积极找准定位，实现高素质人才培养目标，培养技能型人才。在此过程中，还需要关注高职院校的生存与发展，面对高职院校的发展契机，教育者需要以就业为导向，积极配合地方经济的发展，满足社会发展的需求，加快专业建设的步伐，从而全面提高教学质量，最终提升毕业生的就业率和就业质量。除了满足这些条件，还需要在研究高职教育的同时，充分考虑企业的需求，按照企业的计划进行订单式培养，在专业建设过程中注意开发校企合作的内容，在学校与社会的互动之中，找到二者之间的结合点，分别利用各自的优势，立足于当前教育发展的实际，满足主体利益的发展目标，满足经济发展建设的特定需求，并且在此基础上建立起一定的评价标准和评价模式。评价模式的最终构建，还需要考虑到社会、行业和企业等各个方面，最终通过市场的结果来对专业群建设进行评价和研究。

二、专业群的基本特征和建设原则

（一）高职专业建设要注重社会需求、职业需求的原则

随着产业的转型和社会层次的提升，社会的发展对高技能人才提出了更高的要求，但是在我国现有的技能人才培养中，还存在很多不足，在很多方面缺乏制度的支撑。由于缺乏高职本科教育普及的支持，高技能人才规格的提升面临着困境。下面以高职专科与应用型本科衔接的视角，研究高技能人才的转型与困惑。

高职专业院校在专业开设过程中，需要将社会需求作为主要出发点，在满足市场经济的条件下，在行业和企业及用人单位等方面掌握自主权，通过了解市场配置的人才需求，企业会在此基础上选择一些符合社会市场需求的人才，培养学生的职业能力。因此，高职院校需要对技能型人才做出客观公正的判断，主动走入企业当中，对人才需求进行调研，听取相关行业人士的建议，了解人才去向，充分做到对于人才的订制培养，才能避免在人才培养中出现的一些问题。

除此之外，高职院校还要在专业建设上进行反应和调整。高职院校作为重要的办学机构，如果想实现长远发展，就需要不断满足社会和经济建设的要求，时刻关注社会对人才发展的新动向，不断调整人才培养的目标，从而制订科学的教学计划。同时，高职院校的建设还需要高智能的团队作为支撑，需要建立专业咨询委员会，邀请省内的专业人士和人力资源等方面的专家，共同商讨对高职院校未来建设的对策，从而实现高职院校专业建设的良性发展。高职院校应该本着为地方经济发展和服务于劳动力市场这些办学宗旨，在专业设置过程中需要兼顾各方的利益，还需要考虑自身的发展情况，对于一些人员上相对饱和的专业，要适

当进行新的领域的开拓，同时，还要兼顾社会各个方面的利益，满足学生和家长等各个方面的需求，实现高职院校专业的良性发展。

（二）高职院校专业建设要保持适度超前的原则

人才培养需要一定的周期，随着社会科技的迅猛发展，技术的进步会给整个社会带来不小的冲击。随着劳动力的发展与变革，社会各种产能的加快升级和换代，大数据时代带来的是社会产业机构的快速调整，在科学技术飞速发展的情况下，高职院校需要根据社会科学技术和经济建设的发展状况，对于一些理论的研讨，需要经过科学的预测，更深层次地进行研究与实践，从而在经济结构和产业等方面进行调整与转型发展。

（三）高职专业建设要加强学校与行业、企业合作的原则

经济发展的背后有各种力量的推动，经济波动的原因是经济增长因素的改变，在劳动力的供给方面，需要在新的经济发展状况下进行调整，在新的经济发展常态下，在质量、技术等层面都要加快创新的步伐，同时培养大量高技能的劳动者。处在经济结构的变动之中，很多粗放型劳动经营者没有实现各种力量的转换，在高职教育的合作过程中，企业和高职院校很难做到人力资源与资本的配合和发展。

此外，高职院校也要根据所在地的经济发展方式的变化和产业结构的升级和新兴产业的发展方式，及时了解岗位的人才培养需求，按照职业资格标准，参考各种技术岗位的任职要求，从培养学生职业技能的角度出发，优化具有显著优势的企业，同时还要优化文科类专业，增加技术密集型产业的设置，在此过程中减少密集型产业的相关专业的设置。还需要加大人才培养力度，增加创新型、应用型人才培养的规模。整合优化教育资源，在其过程中多进行规划和调整，调整优势学科，培养具有竞争优势的专业，在培养过程中，突出高职院校的专业特色和优势，同时重视专业能力及理论和实践能力的培养，根据学生的知识和文化技能背景，对时间进行合理的安排，同时制订循序渐进的发展计划。

最后还要根据不同岗位的职业资格认证能力，安排考试内容，根据专业的教

材制定详细的职业培养技能，培养学生的基本能力和专业能力，培养学生的动手操作能力，才能培养具有全能型的毕业生。利用现有的实训基地，在企业中设置培训基地，同时安排学生到岗位上实习，可以满足培养教师理论和实践的岗位，在高职院校培养中，还需要增强与高职院校之间相关的企业和行业的合作，建设具有生产和教学功能的实训基地，加快推动高职院校与行业企业之间实验实训平台，同时开发新的教育模式，增强师生之间的相互交流，在校企合作的办学模式中，实现学生与教师的共同成长，推进高职院校之间的积极合作，共同进步和发展，推动高等职业教育健康平稳发展。

学校与企业之间的关系是分不开的，需要建立起定期轮流实训制度，引导教师走向实践工作岗位，体验实际技术操作。同时，要鼓励指导教师到本地企业中去实习锻炼，增强与企业之间的联系，切实体验企业的工作流程，亲身感受产品从研发到生产再到营销这些环节和过程，着力提高教师的专业实践能力和实践教学能力，促使教师深入一线，找到实训教师的突破口，实现从生产到建设再到管理和服务，完成岗位专业实践。同时，教师还可以了解自己所从事的专业相关发展状况，向有经验的工人前辈了解产品的制作工艺或操作技巧，并将这些问题和经验补充到日常的教学当中，这样，有利于年轻的教师队伍向前辈学习，同时有利于双师型人才的培养，壮大青年教师队伍，提升教师队伍的专业水平。

（四）高职专业建设要强化政府职能，依托地方经济的原则

高职专业教育模式具有一定的发展规律，在办学规模和办学技巧等方面需要一定的财政收入，以及逐年增加的职业教育投入，重点实现高职专业院校实训基地的变化与发展，在专业的实训基地和师资队伍及信息化建设等方面需要重点扶持。同时强化政府的工作职能，政府部门和教育部门的职业教育发展需要进行明确的统筹和规划，依托地方经济，巧妙地进行政府专业的发展，同时要明确各个部门的分工，教育行政部门要起到带头作用，其他部门需要进行分工合作，共同做好长远的规划和编制，在人才、财力、物力等方面给予支持和鼓励，做好职业教育的长远规划和编制。最后还要加大支持力度，适当增加技术密集型产业，在人力、财力等方面加大扶持力度，增加技术密集型产业的规划和编制，在财力、

物力等方面进行大力度支持，减少劳动密集型产业的对应宣传，在全社会范围内，加大宣传力度，借助舆论的宣传，在全社会树立起新的学习风尚，提高教育职业的影响力，从而更加有利于培养全面发展的人才。

（五）高职专业建设要实现效益最佳原则

高职专业在设置上主要将效益分为社会效益和经济效益。社会效益主要是指贯彻落实国家教育方针政策，在这个过程中，需要满足社会对技能型人才的需求，还要科学、合理地设置专业，按照国家的教育方针和政策，在细节方面进行贯彻落实，在政策实施上，需要探索新的人才培养模式，在此基础上，不断进行创新。同时在教学过程中，开辟“专升本”教育通道，将高等职业教育纳入经济发展规划当中，还要联系其他职业教育集团，集中各种力量，整合教育资源，培养学生的技能，拓展社会优势学科和专业，在培养工科学生的同时，还要适当增加人文素养学科的人才。在重视经济效益的同时，不能忽视社会效益的实施，在此过程中，要建立起专业办学的特色和优势，增加社会效益。

（六）高职专业建设要体现多样性原则

根据行业企业对人才需求的状况，可以根据岗位的标准进行选择，根据高职院校的发展状况研究对策，从而选择适当的专业。对于一些不适合社会发展的专业，需要予以摒弃，不断开设新的专业，保持专业的灵活性，还要兼顾一般性的专业，根据行业和企业的发展对技能型人才的需求情况，逐渐推进全日制教学情况，发展非全日制教育，开展城乡结合的教育模式，面对就业培养和技能相关的任务培训，对未来的退役军人和毕业生都要掌握好发展方向，对于残疾人和专业人员等群体都要进行职业教育和培训，在专业设置上还要具有一定的适应性。在我国西部地区，经济发展较为缓慢，建立起长效的动态发展机制，对专业设置进行产业优化升级，还要积极开展和政府相关的政策需求，做好正确的导向作用。

三、专业群建设的意义

（一）专业建设是高职院校发展的核心工作

在我国，专业这一概念有着很强烈的实体意味，在这种专业划分的背后，存在几个原因，教师在其中起到一种引导作用，一般是由教师组织、建立起一个实训教室，同时几个专业构成了一个体系。在此过程中，可以仿照大学本科的教学模式，将高职专业的教育教学划分为多个专业，形成专业的教学模式，将高等职业教育教学模式脱胎于高等教育模式，真正体现出高等职业教育院校的特点，切实提高教师和学生的素质，合理安排教学内容设置。通过创新活动模式，对学生提出新的要求，在学生和教师的活动之间建立起有效的联系，从而培养高素质的人才，而高职院校的作用在于培养具有专业技能的人才，这种思想关乎高职院校的生存与发展。归根结底，取决于高职院校对人才培养质量的把关，因此，作为高职院校专业建设的核心模块，需要教师对此引起重视，在高职院校的课程编排中，把握专业建设的重中之重，对专业建设做好把关工作，在理论和实践上进行探讨和分析，这也成为教师统筹全局进行课程开发建设的重要工程。

（二）专业建设是实现就业导向的保证

高职教育专业与社会行业之间存在着必然联系，只有在专业建设中不断加强专业建设，才能够保证高职专业建设与社会发展的实际紧密联系起来，才能够实现社会经济的发展和进步，从而做到专业结构的优化升级和课程改革的逐渐进步，提高高职院校的教学水平，提高学生素质。高职院校也需要根据社会经济的发展划分专业类别，在专业结构层面进行优化升级，不断推进专业课教学的课程改革，在各个方面为教学专业设置着想，充分考察每一位学生的特点。尤其是在教学过程中，重视提高教学水平，提高专业的竞争力，从而保证了良好的充足的生源，提高技术产业的升级和应用。同时，随着社会的变化，建立起准确灵活的定位，将学生的就业作为重要的出发点，在专业设置上，以就业作为导向，及时掌握经济发展的动态，分析出社会的需求，并能够及时根据社会的发展，调整经济发展和岗位职业的变化，对自身的专业结构进行调整和安排，对于一些不适应社会发展的专业，需要根据地区的基本情况进行改革和管理，逐渐找到适合自己发展的专业，根据具体地区的发展状况，进行专业化特色产业的划分。最后需要对专业以产业链的形式进行划分，在产业链之间建立起联系，建构起专业的培训群体，在教学过程中增强学校专业对岗位的适应性，满足不同时期对不同专业部门人才的需求。在高职院校中，对科学教育进行专业的定位，从而采取重要措施，找出不同专业之间的内涵，突出专业的特色，从而成为每个专业共同探讨的问题。

（三）专业建设是高职课程改革成功的保障

目前，我国高职院校专业建设正面临着课程体系改革，从而使得高职院校走出模仿本科教学的误区，彰显出职业教育发展的特色。在传统的教学模式中，高等职业教育课程是本科课程的压缩，在实际教学过程中，也表现出重视理论、轻视实践的教育特征。例如，有些高职院校开设了十几门或者二十几门专业课，在课程内容上却表现出难度偏大，甚至有些科目与现在的生产实际不相符，在实践课程上，呈现出很大的不足。还要强调专业课程设置的系统性，重视知识积累与具体工作任务之间的联系。

最后对于暴露出来的一些问题，要充分引起国家和高职院校的重视，加强国家与高职院校之间的联系，重视生产和生活的需求。在大刀阔斧的课程改革中，以国家和政府的改革为导向，先对学生的学习状况进行调研，对本校的课程进行系统性的改革，将学校的专业建设看成一个系统，每一个课程建设都是学校专业建设的一部分，在系统课程中，课程的变革会导致其他环节出现不协调的状况，要在专业布局的过程中不断进行调整。在教学过程中，教育者要抛弃一些传统的较为迂腐的教学模式，在课程编制过程中组织学生提出专业性的建议，引导教师或者学者组成相关领域的专家智囊团，师生应该共同树立新的思想观念，接受新的课程思维，同时提出新课程思维，提高学生的动手实践能力。新课程的实施，为学生和教师带来利好的同时，也对高职院校的实习实训条件提出了新的要求，对专业的教学保障体系也提出了新的挑战，尤其是在课程改革的大背景下，高职院校建设需要以课程建设作为专业建设的核心，在课程改革中为学生的实训提供更为可靠的保障，这也是每位教育前线工作者需要考虑的问题。

（四）专业建设的复杂性要求新的指导方法

高职院校水平的提升不是一蹴而就的事情，而是一个长期的建设过程，为此，必须抓好课程建设这条主线，从短期内的试点性改革入手，同时发挥教师的参与者作用，协调好各个方面的资源，促进高职院校的可持续发展。在课程体系改革建设中，对本校的课程进行整体上的衡量和操控，不断对高职院校改革进行清晰、明确的定位，还要在专业课程改革中提出整体性的改革要求，建立起专业的课程评价体系，从而形成一种合力。在教学改革中密切配合，在改革过程中重视衡量专业建设的效果如何，专业建设的目标是否能够达到，如何在新的专业建设中取得成效，这些都是教育者在专业建设中需要回答的问题。在此过程中，高职院校也需要建立起评估体系，对专业建设工作不断地进行有效的反馈，保证专业建设的顺利进行，从而使得专业走向正确的轨道，形成一种常态的有效的管理机制。利用专业建设的复杂性和重要性，全面看待社会高职专业建设等问题，在系统分析中，引入科学的评价方法，对高职院校的内涵也要进行充分的考虑。

四、专业群建设的内容

（一）对产业结构进行调整，提高培养人才的能力

产业结构的调整和升级是一个系统性的工程，需要跟随各个行业的发展进行变化，例如，在高职院校的行业分布中，劳动力主要分布在农业、服务业等方面，对于人员的调整，需要调整技术员与准专业之间的要求，在高职院校体系中，不能忽视这些具有独立性的职业群体。各类专业发展与产业结构的变化之间关系较为密切，在产业转型的过程中，也需要专业技术人才的努力，最终实现每个学校特色的发展，做到每个学生有良好的发展，建立起学生专业学习的良好格局。

在高职院校专业的基础建设过程中，要重视平台建设，瞄准各个产业之间的

方向安排。在高职院校的建设中，专业涉及的领域较为广泛，涵盖了农业、工业和服务业等方面的内容。此外，还要在高职专业院校项目建设过程中，对高职院校的专业进行分类，面对当前的发展机遇，需要加快各项项目建设的步伐。在教育现代化建设过程中，要重视高职院校协同发挥作用，重视各个部门之间的合作，在经济发展过程中，要发挥社会的先导性、基础性和全局性的作用，优先发展综合性职业教育专业，在经济欠发达地区，尤其要进行试点工程建设，尝试实验区教育改革，重视培养学生的实践能力，将学生培养成技能型人才。还可以与当地企业建立起密切的联系，重视电子信息与物流产业的合作与发展，同时重视开发新能源，加强生态环境的保护。在专业发展过程中，需要重视生态平衡，在促进经济发展的同时，还要重视社会效益、重视社会环境的发展，提高学生的主观能动性，培养学生的动手实践能力。

（二）提高专业的办学质量，增强办学活力

内涵专业建设是高职院校教育专业发展的重点，在高职院校专业内涵建设中，要利用好平台的优势，重视平台专业建设，必须建设起一批具有先导性的专业，作为教育领域的支撑。好的专业能够在一定程度上提升办学质量，能够在专业选择中实现精准的定位，能够在社会工作中巧妙地选择人才对技能的需求，能够在工作过程中将人才培养方案落到实处，将专业建设与人才培养方案真正地联系起来，建立起一套完整的人才培养方案。高职院校的生产和建设是一套系统工程，二者之间相辅相成，互相作为补充，在职业能力培养等方面，要重视开拓新的人才培养模式，同时重视高职院校建设的实际，进行专业设置建设，同时根据传统产业进行转型和升级。在专业的发展过程中，需要深入企业行业等领域的发展，听取专业建设的建议，还需要建立专业的定位和人才培养目标，建立起专业课程体系。在铺设专业群建设过程中，还需要提高实习和实训基地的重要性，提高各个专业的办学比重，推进学历证书和教师资格证等制度的改革。

最后需要完善教学条件。在日常教学过程中，一定要重视教师队伍的建设。在此过程中，需要培养双师型人才，同时经过教师资格和师资考核等关键步骤，重视在企业中多加锻炼，在师德等方面进行考核，在教师培养方面，需要重视企

业之间的合作，在教师岗位培训过程中，需要建立起新的实践制度，建立起高尚的品德，做到爱岗敬业，提高教师的整体水平，从而建立起强大的教师队伍。重视派遣青年骨干教师到企业中学习，提高实践能力，重点选派专业技术人员进行校园活动的编排，还可以通过与企业的合作，聘请相关领域的专家到学校讲学，或担任兼职讲师。高职专业院校在专业群建设过程中，要重视教材和讲义的编排与组织，还要重视教学实施建设，重视设备的完整度和利用率，在满足日常教学需求的同时，还需要独自开发新实践教学设备，一方面是为了深化产、学、研相互合作的模式；另一方面是更好地以企业作为导向，将企业对人才的需求作为人才培养的重点。同时还要重视现代化的教学手段，开设专业之外的课程，重视教学研究和教学改革，多加进行启发式、案例式教学，提高教学水平，提高教学效果。

（三）对专业结构进行调整，增加外延意义和提升空间

在高职院校的发展模式过程中，需要重视不同行业对人才的需求程度，重视社会对不同技术人才的追求，还要根据社会对人才的需求，建立起人才培养方案。高职院校在课程编排时，需要对课程中涉及的理论课和专业课做出一定的调整，重视培养学生的实践能力，在完成企业平台搭建的基础上，还要对企业的专业课程进行改造。作为高职院校的课程的选择者，需要在教学课程设计上重视不同专业的特点，发挥出不同专业的特色。

高职院校学生的培养，需要一定的环境和空间，在这个过程中，除了按照院校的模式进行培养之外，还要开发一些新的空间和技能，按照学生对课程的要求和规定，根据学生对岗位的要求，实现学生与学校专业之间的联合。在教学环节中增加实践的内容，在教学的学期安排中，将实际教学操作教学训练纳入教学计划中，在教学过程中制订可行性强的教学计划和教学方案，并且形成以此为基础的考核方式和考核标准，从而培养专业技能和基础知识兼备的综合型人才。

（四）发挥专业带头人作用，促进专业建设的可持续发展

在专业人才的培养过程中，往往要在专业建设中选择一个优势专业，重点发

挥“领头羊”作用。在选择市场时，需要准确捕捉市场信息，在高职院校培养中，重视人才培养制度。在人才选择时，重视人才的选拔，通过公开竞争的方式，进行年度考核。但是在实际操作过程中，难免会被一些规则束缚手脚，其实，随着时代的发展和社会的进步，完全有必要放开手脚，大胆地进行改革，由此，才能够在真正的政策和实际工作中为学生办实事，在真正意义上帮助学生进步。在此期间，还需要提高高职院校对实践教学中高职教育工作的认识，通过变革人事和制度分配关系来鼓励教师积极参与到职称评选中，提高教师的地位，通过提升教师待遇水平的方式调动教师工作的积极性，发挥其主观能动性。最后还需要高职院校在培养教师过程中，切实提高实践教学在高职教育工作中的地位和作用，通过人事的调整和聘用制度的调整改善教师的教学地位，从而更好地提高教师的积极性。

（五）发挥办学优势，打造特色、优势、品牌专业

高职高专院校精心打造自己的特色专业是长远发展的必由之路。立足地方实际，面向市场，服务社会，因地制宜，充分发挥地区优势，以及办学的经验和优势，紧密围绕所服务的行业、企业对技术技能型人才的实际需求。面对市场的变化和瞬息万变的市场环境，整个社会都面对着新的发展，要及时进行调整。面对新的社会形势，立足于当前的实际，利用人力、物力和财力的优势，把握好各个专业的优势体系和课程体系，以师资队伍的建设为突破口，推进高职高专院校办学水平的不断提升。

（六）积极构建专业群

专业群的建设提出的时间较早，在专业群方面，一个就业前景好和具有强大师资力量的专业需要将其作为重点的核心抓住，同时还可以沟通各个项目，将多个基础较为接近的专业组成一个学科。

首先，专业群的构建可以促进办学效益的提升，促进教学资源的有效利用和优化配置，实现优势资源的共享。其次，专业群有利于提升学校整体实力，有利于提高学校对外的声誉，有利于学生增强就业竞争力，有利于适应工作岗位需

求。专业群建设虽然有很大的灵活性，但是在专业群建设中，很多教学功能都能够在此基础上发挥。高职院校学生的培养也需要专业群体建设的人员共同努力，在生产生活中，针对不同的工作内容，要有不同的方法进行建设，在此基础上，挖掘出新的意义，开展新的教学方法，进行教学改革。

专业群建设的灵活性与适应性通过专业群的建设体现得淋漓尽致，在一定程度上得到了增强。高职院校可根据市场对人才的需求，在短时间内灵活调整专业，更好地适应行业、企业发展和区域经济的需要。为了进一步实现专业群的整体发展，高职院校必须根据产业链的调整趋势、学校原有的优势专业核心，把基础相同或相近的多个专业的方向进行调整，才能更好地衍生和开发周边专业，最终实现专业群的整体发展。

五、高职专业群与产业链协同创新的价值和路径探索

（一）高职专业群与区域产业链协同创新的内涵解析

协同创新指紧贴一定创新目标，多主体、多元素合作、互补、共赢的创新行为。一般意义上，协同创新的主要方式或模式是产学研协同创新。在高职领域，就是高职院校与科研院所、行业产业企业、地方政府（特别是经济开发区政府、新区政府）进行深度合作，构建产学研协同创新载体与项目。其重要表征是各参与者本着共同的愿景与目标，有着强大的内在驱动力，依靠现代信息技术构建资源载体，进行多方位交流与研究、多样化拓展和协作。有研究者认为，协同创新的内涵本质是企业，政府、知识生产机构（大学、研究机构）、中介机构和用户等为了实现重大科技创新而开展的大跨度整合的创新组织模式，也是各个创新要素的整合及创新资源在系统内的无障碍流动。协同创新是以知识增值为核心，以企业、高职院校科研院所、政府教育部门为创新主体的价值创造过程。高职院校的协同创新是指围绕市场岗位人才培养目标，把课程设置、教学内容、教学手段、教学方法等人才培养方案直接与企业人才需求对接，最大限度地利用校企合作等各种创新教育资源，重点培养学生的实践动手能力、创新能力，提高办学质量的创新人才培养模式。根据研究者的这些概括和认识，可以认为高职教育专业

群与产业链的协同创新是指在某个区域范围内，某一专业群与区域内相关产业链本着共同发展的目标，通过政府引导，高职专业群及其所在院校、相关企业、技术研究中心等多个部门或单位聚合在一起，充分发挥各自的资源优势，整合互补性要素，实现各方的互利共赢与优势互补，有效推进技术推广应用和产业化进程，协同配合、分工协作，开展产业技术技能创新和应用性技术成果产业化活动。

（二）高职教育专业群与区域产业链协同创新的价值探寻

专业群构建与建设是职业教育教学改革和建设的关键内容，也是提升职业教育服务区域产业发展能力的最直接手段。党中央、国务院高度重视职业教育专业群建设对区域产业发展的积极促进作用，同时要求我国职业教育要不断改善专业群结构和布局，增强职教人才培养契合度，切实提升专业群服务区域产业转型升级的能力水平。因此，高职教育专业群与产业链协同创新具有重要价值。

有力驱动高职教育专业群内涵建设。当前我国所处的经济新常态促使了“大众创业、万众创新”新局面的产生。协同创新能整合职业教育专业群拥有的内部资源，引入相关外部资源，拓展师生实践能力，推进专业群技术创新和科技成果转化，支持学生就业创业，是专业群提升自我创新能力的重要途径，能够带动专业群自身整体实力和影响力提升，最终实现科技、教育、经济紧密结合与对接。依托协同创新平台和机制，专业群能有效地、深度地与相关企业或团队开展科研项目、人才培养、教师锻炼、学生实习、学生就业等环节合作，尤其培养学生的创新创业能力，提升教师的科研实践能力和技术创新创业能力，以及在成果产业化和社会服务方面进行系统创新，对于专业群开展广泛的校企合作和复合型人才培养具有重大意义。

有效助推区域内产业链转型升级。高职教育专业群与区域产业链发展如何真正开展协同创新，关系专业群所教授的内容能否紧密跟上甚至引领最新产业技术，关系到学生就业能否适应产业技术发展，也关系到高职教育未来的持续健康发展，更关系到经济社会和区域产业企业的转型升级。在全国经济放缓的情况下，全国各地城市都注重加快结构调整，强化转型升级，吹响新型工业化跨越发展新号角。通过区域内高职教育专业群与产业链的协同创新，从协同创新角度切入，有益于增强职业教育服务地方经济社会发展能力，助推区域产业链转型升级，提升产业层次，促进区域产业链高效化、优质化发展。

（三）职业教育专业群与区域产业链协同创新的路径探讨

协同创新对于高职院校来说开展较早，也相对普遍。但对于高职院校来说，合作机制及所拥有的技术等方面都不具备优势。但是，高职院校在技术应用、成果转化等方面也有自身优势。从平台建设、运营机制、落地项目实施、技术攻关和科技应用成果转化等方面对职业教育专业群与产业链协同创新开展了有效探索。

一是搭建专业群与产业链协同创新平台。搭建有效协同平台是专业群与产业链协同创新的首要条件。为此，可以根据区域城市支柱产业发展特点来选择，如有的院校根据区域特点，选择先进装备制造专业群作为试点和突破，整合先进装备制造专业群的校内资源，发挥职业院校在机器人、云计算、大数据、新材料等方面的硬件和人才优势，协同国内外高职院校（技术团队）及高科技企业。建立协同创新产业研究院。将研究院定位为融师生技术技能创新、高精尖人才引进、应用型技术转化、工匠人才培养等功能为一体的服务机构和开放性平台。按照“政府引导、院校和研究所及企业多方参与”原则，与当地政府、新区管理委员会、本科高职院校的研究院、科研院所、相关企业多方联合建设区域性先进制造孵化器项目。协同创新研究院制定标准，引进进驻若干企业，打造企业群，在从高端人才引进、人才培养，科技攻关项目、攻克行业共性问题、专利成果等方面成效显著。

二是建立专业群与产业链协同创新运行机制。创新研究院以开放的思想，聚集国内外创新资源：以引进和孵化相结合的思路，创建和培育产业化公司；基于协同创新理念，校—院—企联合攻关行业核心技术，协同创新研究院可以重点突破机器人 3D 打印、大数据和云计算、新材料等核心技术；面向市场，以企业化运作机制建立本土化研发团队，注重技术创新和技术服务。形成“技术创新服务平台+产业化公司”模式。在具体的运行机制上，进行大胆突破。本着“多维协同，智造未来”的理念原则，先进装备制造专业群所在的高职院校方以土地以及教学楼和教学办公设施及物品进行投入，引入国内外专家（大师）团队，引入专业技术团队和企业。重点建设技术应用、技术研发、公共服务三大创新主体，以围绕产业转型升级的重大需求，重点突破一批行业关键技术和产品，培育一批创新创业团队，推动企业和行业的技术创新。研究院设立在职业院校的科研处，作为科研处实现技术研发和科技成果转化等业务科研平台，实行院长负责制。同时，明确了技术中心、企业的引进和退出机制。引进方面，团队或企业准入考评指标将涵盖包括企业或团队的基本状况、资源条件、技术水平、影响力、自身财务状况、盈利水平等具体指标，特别是核心技术水平和创新能力。入驻的团队或企业必须与研究院签订协议，明确场地面积以及双方的权利和义务。退出方面，对入驻团队和产业化公司进行年度考评，从产值、新产品，特别是核心技术水平和创新能力、科研成果等多方面进行考评，考评不达标者给予半年的整改机会，半年后仍考评不达标，根据团队引入合同的相关条款，动态退出。

三是推进标志性落地项目实施。专业群与产业链的协同创新不仅仅是理念和口号，必须通过扎扎实实的标志性项目逐步推进。不单单要突出“实”字，强调实干，更要找准突破点，创新方式方法，创造性地开展标志性项目落地实施。以技术创新创业服务中心建设落地为例，如有院校针对区域及周边的主导产业，聚焦汽车智能制造，有针对性地整合创新资源，其中拟重点建设智能装备（机器人、3D 打印）、大数据（含云计算）等两个技术创新创业服务中心。

四是聚焦应用性技术攻关突破与成果转化。技术转让是产学研协同经常使用的模式，是指高职院校或科研机构以契约的方式出让无形资产的使用权或知识产权，企业受让该无形资产使用权或知识产权的行为。职业院校科技与技术技能资源丰富，具有相对比较成熟的一些应用技术，技术对经济发展的支撑能力有很大提升空间。科技成果转化，旨在提高生产力水平，需要对科学研究与技术开发所产生的具有实用价值的科技成果所进行的后续的试验，开发、应用、推广，最终要形成新产品、新材料、新工艺等，同时也催生发展新产业等。科技成果、技术技能成果（含技术改造）被师生研发出来以后，需要将其有效转化到企业的生产实践中，方能显现技术技能成果的价值。对于企业来讲，对外部知识的获取可以增强企业知识的广度和深度，从而增强企业产生创新组合的能力。科技成果的商业化对经济增长有着巨大的推动作用。

第二节　创新创业教育改革与能力评价

一、高职院校创新创业教育改革的原则

自“双高计划”出台以来，全国的高职学校的创新创业发展水平也得到了长足的发展，并取得了许多巨大的成绩，包括高职学校的毕业生的就业率和创新成功率都提高了不少，同时创造就业的质量也是年年提高，大大促进了国家的信息化建设。尽管成效明显，但对目前的创新创业教育机构而言还面临着不少问题，而且随着时代的发展，一些以前不曾出现过的问题也日益凸显，并且有着愈演愈烈的趋势。针对上述现在以及将来可能会发生的问题，就应该要求高职学校持续地开展创新创业教育改革，将创新创业教育资源进一步优化并与时俱进，以发挥强大的社会影响力，培育更多优秀的技术型人才。但是高职学校在改革的过程中不可盲目地冒进和跟从，而应该先根据当前的高等教育改革理念和相应的发展思路，坚持一些必要的改革原则，再根据本学校的特色和优势学科，因校制宜、一步一个脚印地走出适合自身的特色发展之路。

（一）贯彻以人为本的原则

以人为本的教育理念就是指因人制宜、因材施教，以高职学校毕业生的创新创业需要为教育核心。由于在现在的高职学校中，不但存在升学的学生，而且还有着大批的职业化学生，职业化学生相对于升学的学生而言，在职业技能方面也必然是略高一筹的，升学的学生和职业化学生的创新创业要求又是大不相同的，所以高职学校在开展改革过程中必须根据学校的现实需要，要做到因材施教，而不是一锅粥乱炖。高职学校必须为每位毕业生和相同类型的毕业生开展独具特色的创新创业教育，培养每一位学生的专长和优势，培养每一位学生的创业思想和职业技能，从而增强创新创业教育对学校发展的深远影响。根据当前经济社会发展态势，以及国家的政策方针，坚持以人为本的革新创业理念，积极培育高素

质、高技能，具备革新创业思想、富有传统工匠精神的创新时代人才，使人力资源真正成为建设社会的主力。①

（二）遵循以职业为导向的原则

从成立开始，高职学院的理念便是以职业教学为中心，并围绕职业教学的主要特点，对人才进行全面的训练，包括职业素养与职业技能的综合训练。以职业为导向的基本原则是要在保持好自身固有的教学特点基础上，积极吸纳学习其他较先进的高职学校的创新创业教学经验，并在实践中进一步加强与自身原有的教学特点融合，着力培育职业适应能力强和有着大胆创新创业思维的毕业生。

二、高职院校创新创业教育改革的“四三模式”

培养具有创新意识、创新精神和创新创业能力的高素质技术技能人才，是新时代赋予高职院校的使命。高职院校经过示范校、优质校、双高职院校建设的理论探索、教学实践、积累总结，形成了创新创业教育改革的“四三模式”——“三元”合力、“三体”协同、“三阶”递进、“三创”融合。

（一）“三元”合力，创新运行机制

以高职院校创新创业教育工作领导小组为统领，创建“双创”学院，将其设立为教辅机构，统筹校内外“双创”教育资源，牵头“双创”通识教育教学，搭建“双创”实践服务平台，整合校内外资源，完善全国职业院校“双创”教育基地和“双创”大赛特训营建设，优化国家级众创空间资源配置和孵化效率。二级学院主体推动“专创融合”教学、社团文化建设和科创项目研发，设立专业“双创”选修课，开发“专创融合”课程，实训项目加入“双创”元素，建设科技型社团。产业学院深化校企合作，引入和开发企业真实项目，培育师生共创项目，促进科研、“双创”成果转化为生产力。“三元”合力形成“通识教育+专创融合+项目实践”“双创”教育的三级递进运行机制，构建“双创”课程体系，

① 游艺，李德平，高莉. 创新创业教育促进高职院校生态发展的功能探究［J］. 职教论坛，2019（5）：4.

优化“双创”实践平台，促进学校综合育人模式改革，提升人才培养质量。

（二）三体协同，培育师生团队

三体包含“双创”导师共同体、“双创”师生发展共同体、“双创”达人共同体。“双创”导师共同体是指引入企业导师，建立企业导师与校内教师“师徒结对”和校企、校际联合培养机制，专业教师到企业挂职锻炼，建立“双创”导师教学能力和项目指导能力评价体系，促进专业教师转型为“双创”导师，打造基于校企合作、企业导师与青年教师师徒结对模式的“双创”导师共同体。“双创”师生发展共同体是指“双创”导师与有“双创”兴趣的学生以创新工作室或校企专创工坊为载体共训、共研、共创；与有“双创”潜能的学生以“双创”大赛或创新创业项目为载体共同进行“双创”项目实战，制定项目团队考核标准，促进“双创”导师与项目团队学生教学相长、共同发展，打造以创新工作室等为载体、“双创”导师和有“双创”兴趣的学生组成的“双创”师生发展共同体。“双创”达人共同体是指“双创”导师与有“双创”实践经验的学生以科研成果或“双创”成果为依托，共同组建实体公司和创业团队，创新工艺、产品和商业模式，打造以成功创业实践反哺“双创”教育的“双创”导师与“双创”实践学生组成的“双创”达人共同体。三个共同体既交互又独立，形成“导师+室友+同事”三级递进师生团队，共同发力，提升师生“双创”素养和能力。

（三）“三阶”递进，构建课程体系

岗课赛证融通，构建“三阶”递进、分类培养的课程体系：一阶，面向全体学生开展以通识课程为主体的广谱式教育，即开展创业基础、就业指导等课程和纳入专业人才培养方案的“专业+创新创业”“专创融合”课程，培养学生创新意识；二阶，面向有“双创”兴趣的学生开展以“专创融合”项目化课程为主体的扬长教育，即创建科技型社团、举办“双创”特训营、遴选参加专业教师主导的创新工作室或企业导师主导的校企专创工坊等，采取“项目化课程+项目实操”方式，强化学生“双创”实践能力；三阶，面向有创业潜能的学生开展以

赛课一体课程为主体的专门教育，即开发“赛课一体实战课程”，企业导师个别指导，师生参加国家级、市级“双创”大赛，项目团队进驻众创空间孵化“双创”项目等，增强学生创业实战本领。整体形成“创新意识培养+创新能力训练+双创项目实战”和“一阶全覆盖+二阶个性化+三阶精准化”的三级递进、分类培养“双创”教育课程体系。

（四）“三创”融合，优化实践平台

“三创”包括创新、创造、创业。以创新为基础，优化科技型社团、青年志愿者活动等建设，利用5G、物联网等技术，开发和完善“双创”线上教学实践平台，实现“双创”教学信息资源、培训课程和路演系统、创业实训等虚拟仿真。基于创新的创造，完善创新工作室、校企专创工坊等，线下完善校企合作专创工坊、青年骨干教师创新工作室等“双创”载体建设，制定遴选项目条件和管理规定，引入企业真实项目、产业导师、育人方法和企业文化，鼓励有科研能力的青年教师积极参加，建立校企合作、师生共创项目团队，实现真实项目、真实交付、真实分配、真实成果。基于创新、创造的创业，发挥众创空间、“双创”大赛等育人功能最大效应，推进高职院校众创空间升级改造，修订和完善众创空间管理制度，制定众创空间绩效考核指标，引入金马兰创业实践管理平台，为苗圃期的创业实践项目提供实体运行模拟管理系统，引导众创空间项目团队与企业孵化器项目、天使基金和风险项目投资人交流和研判，培育项目，制订解决方案和确定营销模式，尽快获得“第一桶金”，实现创业梦想。整体形成“社团+工坊+创客实体”的三级递进实践平台。

三、高职创新创业教育“四三模式”的创新实践

（一）基于系统论和协同效应的理论创新

以系统论整体和各要素的相互关系达到最优为目标，遵循整体效益大于各个独立组成部分总和的协同效应，创新了高职“双创”教育，以“三元”合力运行机制为引领，以“通识课程+专创融合项目化课程+赛课一体课程”三阶递进

课程体系为核心，以“科技型社团+校企工坊+众创空间”创新创造创业三级实践平台为支撑，打造企业导师、“双创”导师、项目团队分别组合的三个共同体，形成高职“双创”教育的整体系统。校企合作成为协同效应发挥的引擎和逻辑主线，系统中四要素联动互促，将会产生出“1+1+1+1≥4”的整体效益。

（二）基于建构主义理论的五位一体高职“双创”教育链条创新

建构主义理论提出学习是引导学生从原有经验出发，建构起新的经验。基于建构主义理论，构建了以创新型人才培养生态链条为纵坐标、以创新型人才培养模式改革路径为横坐标的矩阵图，创新了以“课程驱动、平台支撑、大赛检验、项目实践、成果转化”为代表的“课、坊、赛、孵、研”五位一体高职“双创”教育生态链条。三级递进课程体系既是逻辑起点，也是贯穿人才培养过程的主线；校企工坊代表“专创融合”项目化课程实践平台，是“双创”教育的实践载体；各类“双创”大赛是对“双创”教育成果的展示和检验；孵化是对“双创”项目和大赛成果的培育与转化，转化为科研项目或教学资源；研创是对“双创”教育人才培养机制和理论实践研究的创新；“课、坊、赛、孵、研”形成了递进的认知结构，在高职“双创”教育生态链条中实现动态支撑。

（三）基于创新型人才培养的“双创”教育实践体系创新

该体系呈现“双创”教育交互融合、梯次递进、分类培养特色，以“融入式”渗透到专业人才培养方案、专业教学实践之中，提升了人才培养质量。三元合力，从“双创”教育机制层面整合学校资源，推进“双创”人才培养总体方案与专业人才培养方案融合、“双创”课程体系与专业课程体系融合、“双创”实践平台与专业实践基地融合、“双创”教育成果与技术创新成果融合，形成了集聚效应和办学特色。三体协同包括：通过外引内培、师徒结对，精准打造“双创”导师共同体；在此基础上，以“双创”项目为引领，“双创”导师和有“双创”兴趣的学生形成共训、共研、共创、共享、共长的“双创”师生发展共同体；以科研成果或“双创”成果为依托的“双创”导师与有“双创”实践的学生共同组建公司的“双创”达人共同体。三个共同体形成了螺旋递进模式，共同发力，提升师生“双创”素养和能力。三阶递进，将“双创”教育分成三级课程体系；广谱式全覆盖、扬长式个性化和专门式精准化，实现了“双创”教育面向全体、重点突破、分类培养、强化实践，促进了“专创融合”和科创融合；“三创融合”，创新了基于创新的创造和基于创新、创造的创业的“双创”理念，搭建了“双创”实践平台。

四、高职学生创新创业能力素质综合评价指标体系构建

（一）指标构建原则

1. 主体性原则

教育信息化2.0的基本原则之一就是“以人为本”，在此背景下的高职创新创业教育教学评价指标体系，势必贯穿以学生为主体的原则，以及促进学生人人发展、个个成长的理念。

2. 导向性原则

以高职学生创新创业教育教学效果为评价核心，也就是高职学生的产出成果评价，能够充分显现“双创”教育教学质量和目标实现度，引导高职院校深化推进创新创业教育教学改革。

3. 科学性原则

信息化技术应用推进高职创新创业教育更加开放化、智能化、个性化，应当符合高职教育教学科学理论规范，同时与新兴技术应用相结合，科学系统地构建客观数据的标准。

4. 个性与开放性原则

与信息技术的深度融合，高职教育教学的个性化和开放性已成为主趋势：“人工智能”“大数据分析”也为高职学生的“双创”教育教学评价提供了更为精准的个性化分析，即更加开放。

（二）高职学生创新创业能力素质评价指标构建

首先，结合信息化2.0背景下高职“双创”教育的特征，以能力素质模型为

理论基础，遵循指标体系选取原则，以高职学生产出（成果）的测量结果作为价值判断的主要依据，在阅读相关文献、专家访谈和学生调查问卷的基础上，筛选一系列指标，并采用层次分析法，构建高职大学生“双创”能力素质的综合评价指标体系框架。

其次，对高职学生创新创业能力素质所涉及的因素进行分类，系统构建系列因素相互关联的递阶层次结构。最顶端的层次一般是问题的目标评价层，通常只有一个元素；中间层的元素一般是准则层；最底层一般是方案层。该评价指标涵盖了高职创新创业能力素质的各个因素，确定了 5 个准则层指标 B，并对这 5 个准则指标逐级分解出方案层 C，共有 29 个指标，最终就确立了高职学生创新创业能力素质的三级评价指标体系结构。

高职学生创新创业能力素质评价指标体系框架，所包含的指标是按照能力素质模型理论，遵循其信息化背景下指标构建原则，基于 OBE 的视角进行构建，具有较强的实用性。这些指标不仅直接体现了创新创业教育教学评价主体是学生，而且也涵盖了其成果产出，即“创新创业知识”“创新创业技能”“创新创业自我概念”“创新创业特质”和“创新创业意识动机”五大方面。

第一，“创新创业知识”，是指当代高职学生在“互联网+”、人工智能和大数据等新技术环境下应具备的创新创业知识。传统、单一的知识结构已远不能满足时代发展的需求，不同学科、不同专业之间的界限不再那样清晰和明确，高职学生要成功地进行创新创业，就必须具备丰富的财务管理知识、法律，特别是商业方面的知识，还有市场运营、创新创业理论方面等多学科、不同领域的知识及专业新技术知识。当代高职学生只有具备多元的创业知识体系，才有可能在激烈的竞争中更准确地发现并利用符合自身的商机，最终取得创业的成功。

第二，“创新创业技能”，一般是指认知新事物、开拓新领域及发明新技术等取得成果和效益的能力，如创造性思维力、观察识别力、实践探索力、学习能力、合作沟通能力和信息化能力等全方位、多层次的能力体系。总之，高职学生的创新创业能力是衡量人才培养质量的重要依据，将高职学生“双创”实践所获得的各项技能作为评价指标，充分直观地体现了高职“双创”教育教学成果导向的特征。

第三，“创新创业自我概念”，是指“人对自身的认识和看法，如自我评价意识、信心、乐观精神等”。社会日新月异，自我概念直接影响着高职学生的创新创业教育教学质量。

第四，“创新创业特质”，是指“人的身体特征、个人对双创环境和信息等，表现出持续而稳定的行为特征，如富有责任感、人文素养、果断等”。良好的特质与创新创业成功具有重要的联系，也是高职创新创业教育的重点。

第五，“创新创业意识动机”，通常是指“在双创实践中对创新创业者起到动力作用的个性倾向，主要有创新创业世界观、创新创业价值观、创新创业需求和创新创业热情兴趣等心理因素”。秉承广谱式教育的理念，高职“双创”教育教学重在启发培养创新创业意识动机。信息化新技术的发展给高职学生创新创业带来前所未有的挑战和机遇，而意识动机是高职学生实施“双创”行为的关键因素，直接影响创新创业参与选择，对能否完成创新创业行动及其理想的实现有着决定性作用。

五、高职院校创新创业的前景展望

（一）构建完善的课程体系

高职院校在改革创新创业教学体系的过程中，首先做好的就是要制订一个具体的创新创业教学实施方案，通过教育实施方案总结出学校自身与校内外联合企业的多创新创业教学资源，并加入了创新创业教育评价系统，从而建立了一个整体的创新创业教学管理体系。在开展创新创业教学中，学校要尊重学生的个性与发展意愿，让学员按照个人的兴趣与潜质开展职业生涯规划，不要进行一刀切式的教育，而是因材施教，对每位学员甚至某一个学员的职业生涯规划加以引导。一套完善的创新创业教育方案，应该分为通识教学课程、专项教学课程、创新技能训练课程和创新实践教育这四个系列，从而形成循序渐进的创新创业教学系统。在通识类教学中，能够开阔学员对创新创业的眼界；在技术类教学中，围绕利用专门的知识融合与创新创业技术培育学生的创新意愿；在创新创业技术训练类教学中，有效提高了学生的创新技术能力与职业素质；在创新实践性教学中，通过进行实际的创新实验与创新创业项目，促进学生改良自身的创新创业理念，看到创新的机会，这样还得建立一种创新创业评估机制，由专业课指导教师或者是合作企业的人才进行评判，提出改进意见。高职院校还可能把创新创业教育培训作为学分制，或者强制性地规定每位学员都应当参加创新创业教育培训，甚至可以使用创新创业项目来作为毕业实习，以增强学校对创新创业教育教学这门必修课的关注度。在课程教材方面，有雄厚的师资力量的学校可以组建一支专门的针对创新创业课程的开发团队，没有师资力量的高职院校也可以与其他学校合作或者借鉴其他院校的课程教材，然后整合本校已有的商业资源，取其精华，去其糟粕，构建出一套本土化的教育资源，在课程的最后还可以分享几个成功的实践经验，整合出一套完整的创新创业教育理论与实践。

（二）构建专业的师资团队

全面推进创新创业教学的领头羊就是教师力量，所以，有资源的高职院校就可以吸纳其他高职院校中优质的创新创业教学导师甚至是优秀企业的管理人员来教学。在高职院校中可以对教授创新创业教学课程的教师开展培养活动，也可举行教学座谈会，邀请教师开展创新创业的教学；资源条件稍微差一点的学校也可依靠已有的师资力量，建立一支专业的创新创业教学的师资队伍，以提升学校教师的创新创业教学水准。还可专门开展一个创新创业教学的答疑室，由创新创业教学老师负责对日常学员在创新创业过程中出现的问题进行辅导，必要的时候可以上报学校，寻求其他企业力量的帮助。

（三）构建专门的服务机构

在实施创新创业教育改革的过程中，高职院校还必须和不同种类的公司进行紧密的协作，这不仅能够充实政府有关科技创业方面的资金投入，也可以为创新创业教育课程积攒经验。要得到国家政府的帮助，我国政府层面还需要进一步简化有关学生创新创业及领取补助的手续，增发学生创新创业津贴。而市场管理层面还应加大对正处在创新创业阶段的学生的指导，并督促他们避免某些可能发生的风险，以免其在失败后因无法承受巨大损失而一蹶不振。与此同时，学院也可以在每一年级都开展相关创新创业方面的中小型实验项目，例如寝室创新活动等，再挂上一定的资金激励措施和学分制度，让他们主动地参加创新创业比赛并取得一定成功，再通过奖励的方式来调动他们对创新创业的积极性和创新创业潜能，挣到了人生的第一桶金以后，就可以在毕业时激发他们对创新创业的愿望。

第三节　我国高职教育国际化发展策略

随着“一带一路”倡议的深入推进，教育国际化将在服务我国走进世界舞台中央、构建人类命运共同体方面发挥越来越重要的作用。国家明确提出要建设一批“中国特色、世界水平的高职学校和专业群”，到2035年，一批高职学校和专业群达到国际先进水平，并从引进优质职业教育资源、参与制定职业教育国际标准、打造中国职业教育国际品牌、服务中资企业“走出去”等多个方面对高水平高职学校的国际化建设提出了要求。推进国际化发展，打造具有世界水平的高职学校，成为我国高职教育发展的重要内容，但由于我国高职教育发展历史较短，国际化尚处于探索阶段，国家层面还需要从完善政策、创新机制、搭建平台、打造品牌等方面推进国际化发展，高职院校层面还需要从制订规划、完善机制、加强建设、培育国际化师资等方面推进国际化发展。

一、国家层面

（一）完善政策，为新时代高职教育国际化发展指明方向

1. 完善宏观层面政策，强化职业教育国际化政策的系统性

当前我国高职教育国际化发展面临许多现实问题，说明宏观层面上相关配套政策和制度尚不完善，相关部门仍应加强对职业教育国际化建设的宏观指导和规划，明确高职教育国际化办学的内涵和发展方向，加快研究、制定全国性的职业教育国际化建设指导意见，从职业教育国际化办学的指导思想、总体要求、发展目标、基本原则、具体措施、组织实施等各个层面，给正处于国际化办学探索实

践中的高职院校更加明确、详细的指导，使其结合自身资源状况逐渐形成国际化办学特色。具体建议为：制定职业院校境外办学管理办法、职业资格认证制度等；建立与国际接轨的技能标准和职业资格质量标准，推行国际化的职业资格制度，加速同国外相对接的专业资质、职业资格和学历认定工作；完善支持海外办学教师国际化流动的相关规定，鼓励高职院校依托优势资源“走出去”办学；制定符合高等职业教育校企合作等特点的专门的中外合作办学条例，建立高职教育国际化经费投入保障机制和激励机制等。

2. 完善中观层面政策，加强职业教育对外开放的系统性和协同性

在国家层面政策的引导下，职业教育对外开放的顶层设计不断优化。

一是做好国家与职业院校在宏观、中观、微观层面的衔接、协同及统筹推进工作。充分发挥国家层面政策对职业教育对外开放的引领、推动作用，持续关注国家宏观政策的落地情况，通过明确目标、分解任务、明确责任等确保国家宏观政策成效落实；要围绕“一带一路”“中国制造 2025”等为各省区市明确或划定的重点方向和定位，增强省区市中观层面对职业教育对外开放工作的重视程度和导向作用；要加大对职业院校执行职业教育对外开放政策的指导力度，夯实中观层面职业教育对外开放基础。

二是省区市从中观层面要制定区域性的高职教育国际化发展战略，并逐步推出高职教育国际化发展规划和政策，丰富省区市职业教育对外开放模式。应依据地方经济社会发展现状和行业产业发展实际需要，立足区域高职发展实际，在贯彻落实国家教育部关于职业教育国际化建设宏观指导意见的基础上，结合我国区域开放的重点和特点，制定区域性高职教育国际化发展战略，完善国际化人才培养和师资队伍建设相关政策，形成具有区域特色的职业教育国际化发展格局和联盟，以此带动各区域高职发展。

三是地方政府和教育行政主管部门应围绕服务国家战略、配合区域企业“走出去”、学生国际化培养等建立高职教育国际化经费保障机制和激励机制，出台境外办学财务及资产管理办法等具有针对性的配套政策，为我国高职院校境外办学奠定制度保障基础。

3. 加强理论研究，为职业教育对外开放政策的制定提供支撑

随着“一带一路”倡议的深入推进，我国与发展中国家职业教育的合作需求

将越来越多，但长期以来我国职业教育研究的对象国主要为发达国家，对发展中国家的研究较少，因此对发展中国家职业教育发展需求的把握也相对不足。当前亟须开展"一带一路"国家和地区职业教育发展及其需求研究，为国际合作奠定认识基础。政府层面应统筹各级各类职业教育研究机构，不断整合资源，成立不同国别、区域研究中心和职业教育对外开放的研究智库，重点面向"一带一路"建设和国际产能合作的基础设施、工程建设、投资贸易、人文交流等重点领域开展研究，为新时代我国职业教育对外开放的协同开展提供理论支撑。同时，应加强对职业院校国际化办学实践的理论研究与传播，加强对我国职业院校国际化办学实践典型案例的研究，开展对发达国家职业教育体系中有效做法和措施的研究，总结出符合我国职业教育发展阶段和国情的职业教育国际化发展系统化理论，在一些共性的做法方面形成可复制、可推广的操作规范，降低我国职业院校国际化办学的试错成本，提高办学绩效，打造更多的国际化品牌项目。

（二）创新机制，服务国际化产能合作

1. 完善"产教校企"协同机制

政府要围绕职业教育对外开放整合校企优质资源，搭建校企产教资源和信息互通的交流沟通平台，打造职业教育对外开放校企或产教协同联盟，优化校企双方利益共享与风险共担的合作机制，实现校企协同"对外开放"。

一是政府应该在总结归纳现有国际化校企合作实践经验的基础上，加快职业教育校企合作政策体系建设，明确政府、学校在办学活动中的定位，并根据合作类型分别赋予企业办学主体与办学主要参与者法律身份，进一步完善外企与我国高职院校联合培养人才的相关条款。政府尤其要为该类项目的课程合作提供便利。政府在支持和鼓励我国企业"走出去"的同时，也要鼓励并推动高职院校依托企业"走出去"办学。开办境外分校或职业技能教育（培训）中心，是高职院校"走出去"办学的可选路径。

二是职业院校应主动对接"走出去"企业多岗位、跨专业的需求，尤其应关注"走出去"企业的跨文化服务需求，协助"走出去"企业开展海外员工的跨文化培训，为"走出去"企业提供具有针对性的咨询建议，降低"走出去"企

业的海外运营风险。职业院校应参与“走出去”企业海外项目的调研和论证，配合“走出去”企业编写培训教材，为“走出去”企业提供海外技术服务。鼓励“走出去”企业参与职业院校海外办学方案的制订，校企协同开展海外劳动力市场技术技能型人才需求状况的调研，提高职业院校海外办学的适应性和影响力。

2. 完善“政校行企盟”多主体国际化办学机制

职业技术教育在“一带一路”建设中具有促进民心相通、保障民生的重要作用。因此，高职院校应按照市场导向、利益共享及合作互赢的原则，主动吸引各类主体参与高职教育发展、建设，多元化创新职业教育集团发展机制，推动职业教育集团与跨国企业、境外学校或其他教育机构等展开合作。

一是要开展地方政府、行业、企业、联盟中介等利益相关者共同参与的多元化国际合作，这既有利于优化资源配置，也有利于增强市场办学活力、落实办学主体地位。

二是要在宏观层面建立要素整合机制，搭建产教融合及校企育训平台，面向国际区域开展人才培养项目；要在中观层面建立区域协同机制，将“一带一路”国家和地区的本土市场、人力资源与自身教育资源连接起来，共建海外基地、技术中心等产学研机构，多模式提供生根基点；要在微观层面建立需求适配机制，将企业认证课程和证书体系纳入专业教学计划，校企联手订制课程体系，逆向开发教学模块，多主体推动技术与人才标准的深度融合。

三是要积极联合国际化企业、国际化机构、政府相关部门、职业院校，打造国际化办学典范；通过多方合力，进一步提高国际化办学品牌的国际影响力和美誉度；同时，还要特别注重统筹和协调国际化办学，强化国际化办学的行业自律，加强各个单位在国际化办学中策略、政策的沟通与协同，避免恶性竞争和无序发展，维护和提升中国职业教育的整体品牌形象。

3. 建立并完善高职教育国际化经费保障机制

扩大高职院校国际化经费资助范围、提升经费使用质量，应成为制度安排的重点。

一是建立高职教育国际化经费投入保障机制和激励机制，在服务国家战略、配合区域企业“走出去”、学生国际化培养等方面应加强力量，出台具有针对性的配套政策，并持续推进。建议将高职教育国际化列为专项，并纳入常规性拨款项目，形成经费支持机制。

二是建立高职院校国际化发展分类支持的财政经费拨款制度，由专门机构负责分配与监督财政经费，加强经费使用的分类管理，加大对经济发达地区高质量高职院校国际化的支持力度，重点支持偏远地区利用地缘优势服务“一带一路”倡议。

三是适当向改革成效显著的院校倾斜，鼓励与国际/外向型企业合作、引入国际性专业证照、参与国（境）外技术技能大赛等。激发高职院校主体的积极性，通过政府引导、院校运作，集中力量，扶优扶特，建立财政专项资金，激励高职院校形成适应区域产业国际化发展的有效机制，创新方式，分类指导，分类发展，加速推进高职院校国际化发展步伐。

4. 建立和完善线上国际化机制

推出具有本土特色、顺应经济社会发展需求、符合全球潮流的线上国际化机制，将是未来我国高职教育真正实现国际化的必然选择。

一是积极转变对教育国际化的认知。将师生的跨境流动作为推进国际化战略的核心，把跨境人员的数量、参与国际项目的程度作为衡量院校国际化水平的指标，是违背“国际化”初衷的；扎根本土文化，同时具有全球视野，能理解世界各地文化和思想差异的人才培养标准，才更符合国际化人才培养标准。

二是主动找准自身战略定位。根据自身实际选择不同的发展侧重点，打破传统教育的管理体制、运行机制和评估机制，建立以服务为本的线上国际化机制。

三是重视校园文化特色建设。高职院校在国际化进程中，除应关注校园文化建设，还应注重打造特色文化校园。高职院校应依托现代教育技术特别是互联网拓展教育渠道、丰富教学形式，实现智能化教学，加强在线学术合作交流，以赋予高职教育国际化更大的灵活性，同时注重营造开放多元、文明包容的校园文化环境，以有利于学术人员交流互动，不断完善高职教育线上国际化机制，实现高职教育国际化发展的优化转型。

（三）搭建平台，拓宽高职教育国际化发展路径

搭建职业教育国际化平台是我国职业教育走向国际教育舞台的“桥梁”工

程，是提升职业教育国际化发展水平和推动职业教育国际化内涵发展的应有之义。搭建平台需要整合政府、学校、“走出去”企业和行业资源，深化合作内容，构建“政校企行”协同的国际合作体系，形成国际化发展合力，在构建职业教育国际化平台过程中，要注重体现教育性、合作性，强化服务性。近几年，政府部门高度重视职业教育国际化发展，在搭建职业教育国际化平台、发挥平台的国际化功能等方面做了方向性的引导和设计，也搭建起了综合性、区域性、行业性的一些高职教育国际化平台。但受平台数量不足、高职领域国际化师资力量不强、协同机制不完善等因素的制约，我国在推进高职教育国际化发展的实践中仍面临着诸多问题，仍须借助论坛、研讨会、职业教育展、教学成果展、职业技能大赛等多种形式的文化交流活动搭建高职教育国际化平台。丰富职业教育国际合作渠道，创新职业教育国际合作模式，增强职业教育国际合作有效性，成为推动职业教育国际合作纵深发展强有力的驱动。

1. 搭建国际化产教融合平台，积极参与国际产能合作

要推动教育教学改革与产业转型升级衔接配套，加强行业指导、评价和服务，发挥企业重要办学主体作用，推进行业企业参与人才培养全过程，实现校企协同育人。随着“一带一路”倡议的深入推进，越来越多的中资企业在境外开展业务，急需大量懂得国际规则和当地文化的技术技能型人才。职业院校要积极借助国家级相关协会、学会力量，协同行业企业及兄弟院校搭建产教融合平台，促进学校对接“走出去”企业需求，为“一带一路”国家和地区的中资企业培养既掌握现代生产技术又熟悉现代管理规则的技术管理型人才，在服务企业“走出去”的过程中，提升国际化办学水平。

一是要整合多方资源搭建平台。平台可以由政府、高职院校、行业企业和相关教育协会共同倡议成立，通过资源共享实现校企合作、人才培养、科研合作等①，同时充分利用产业园区具备的企业集中、资源集聚效应明显、配套服务健全、产业链条相对完整等平台优势，突出“服务”要素，打破“育人”和“用人”之间的壁垒。这不仅有助于高职院校应对可能面临的外部环境挑战，也能为

① 菊梦.“一带一路”背景下高职院校国际化发展研究［D］. 西安：西安建筑科技大学，2019.

产业链的发展提供国际化人才支撑。以政府部门或权威协会、学会为主导，以行业企业为依托，以职业院校为主体，搭建国际化产教融合平台，有助于优化配置国际化产教融合资源要素，提高国际化产能合作效率。

二是要充分发挥平台功能。产教融合平台具有推进院校交流合作、产教协同等功能，开展院校交流合作，能够推动中国与“一带一路”国家和地区职业教育的务实合作，开拓职业教育国际化办学新途径，提升职业院校国际化水平；建立国际化产教协同机制，畅通国内外企业、职业院校信息沟通渠道，开展应用技术研究与管理咨询服务，能有效服务“一带一路”国家和地区人力资源质量提升；通过国际文化交流，发挥职业教育在“一带一路”文化交流中的“桥梁”作用，有利于促进中外师生“跨文化”融合，促进中外教育和文化传播与交流。

三是要开展多样化的产教融合合作项目，围绕职业院校国际化发展策略，开设产教融合国际论坛，积极承接产教融合合作项目，推动中国企业在“一带一路”国家和地区拓展业务，形成国际化校企合作共同体。

2. 校企合作搭建国际化教学标准建设平台，服务境外办学

境外办学对于提升境外中资企业和当地企业人力资源质量具有极大的作用。因此，要协同企业组建教学标准研发组织，共同开发境外培训课程和教材等，推进专业和课程标准建设的国际化。境外办学平台主要由境外企业提出需求或提供信息支持，境内高职院校组织资源，积极协同企业与境外学校共同制订人才培养方案，师资共享，教学共担，共同开展人才培养培训工作，为境外中资企业和当地企业培养技术技能型人才。要从零散的课程、标准、师资等国际资源引进走向专业层面的合作办学，以深度对接的中外合作办学项目来集聚国际化优质教学资源，进而积极探索“国际学院”架构的平台建设，营造整体浓厚的教育国际化氛围，提升国际化人才系统培养的平台支持能力。一方面，可根据区域分布或行业属性成立教育国际化联盟或海外办学机构，构建高职教育国际化海外布局的“1+N”模式，走内部错位、外部整合、可复制的新型高职教育国际化路径；另一方面，要紧紧抓牢地方产业、企业的国际化战略，采用产教融合、校企合作的模式，与“走出去”的企业合力推进高职教育国际化进程。作为高水平建设的高职院校，要以“排头兵”的角色拓展国际化项目，进而带动相关联盟成员“借船

出海”，根据项目需要选择性地跟进参与或扩大充实项目内容，在“头雁效应”的基础上形成“头雁带动群雁飞”的抱团发展效应。

3.“政校企协同”搭建援外培训平台，创新援外培训模式

高职院校须承接培训任务并开展援外培训。“政校企协同”援外培训是融政府、学校、企业为一体，统筹多方资源，培训效率较高的援外平台，政府下达培训任务并提出培训要求，企业提供技术支持，学校制订个性化培训方案，开发有针对性的培训课程并组织实施，统筹职教专家、企业专家、学校教师等组成培训团队，通过讲授、考察、交流与实践相结合的方式，输出高职院校的职业教育经验与模式。援外培训平台可充分发挥政府的指导作用、院校的主体作用、企业的参与支持作用，保障援外质量和效果，为发展中国家提供职业教育发展和院校建设的整体方案。发展中国家不仅需要场馆、设备等硬件支持，更需要发展理念、发展方案等软件支持。随着对外援助工作的深入开展，提供建设方案和发展方案，加强智力支持的作用越来越重要。

4. 校企协同搭建应用技术推广和服务平台

在校企国际合作过程中，职业院校通常以提供技术指导或派遣教师赴境外指导的方式服务境外企业，与企业协同搭建技术服务平台。一是协同开展“一带一路”职业教育研究，推进跨国职业教育科研合作。这是深入认识相关国家职业教育水平的有效途径。二是依托国际科研合作平台，研发和推广实用技术，把中国先进的应用技术和管理模式、理念等推广到有需要的“一带一路”沿线发展中国家。三是举办国际学术研讨会，推动发展中国家职业教育交流与合作。国际学术研讨会是推介中国职业教育发展理念和经验、促进合作交流的重要平台，借助国际化科研合作平台，能为“一带一路”国家和地区的国际交流与合作提供“中国建议”，也能为高水平高职学校建设走向纵深化提供支撑和保障。

（四）打造品牌，扩大中国职业教育的国际影响力

职业教育的国际化品牌效应可以理解为一国的职业教育在知名度、美誉度及对社会的贡献度方面被国际普遍认可和信赖而产生的效应。其最本质和核心的部分是质量、特色及优质的服务。通过梳理全球主要教育强国的国际化发展史，可

以发现，无论是德国职业教育的“双元制”、澳大利亚的TAFE，还是美国职业教育的社区学院，均在助力教育国际化输出过程中发挥着重要的品牌影响力和核心竞争力作用。在高等教育全球化时代，品牌战略一直被主要教育强国奉为提升教育竞争力和对外大力输出教育的重点。

1. 标准化建设，确保品牌质量

在我国高职院校国际化品牌的输出中，“鲁班工坊”是职业教育“走出去”最知名和最被认可的品牌。“鲁班工坊”是在国家教育部的指导下，天津原创并率先实践的中外人文交流国际化品牌项目，是国家现代职业教育改革创新示范区的标志性成果，也是我国职业教育国际化发展的重大创新。“鲁班工坊”以鲁班“大国工匠”的形象为依托，中外合作实施学历教育与职业培训，为“一带一路”发展培养急需的熟悉中国技术、了解中国工艺、认知中国产品的高素质国际技术技能人才。标准化建设是品牌项目质量的根本保障。“鲁班工坊”采用标准化管理方式，按照国际化项目的建设目标要求，对工坊的建设空间、实训装备、师资建设、专业标准和教学资源进行严格的标准化与规范化处理。正是由于高质量的专业建设，多个“鲁班工坊”的合作专业标准获得合作国家政府部门的评估认证，成功纳入其国民教育体系。“鲁班工坊”这一国家品牌的竞争力在于其具有规范化的管理标准与严格的质量标准。

2. 坚持产教融合，突出品牌特色

高职教育国际化办学的最大特色就是产教融合、校企合作，要打造具有识别度的高职教育国际化品牌，坚持产教融合、校企合作是必然的选择。目前有一定知名度的高职教育国际化或海外办学品牌，无一不坚持产教融合以突出自身的办学特色。“鲁班工坊”的品牌效应是由国内外合作院校、行业企业和师生、政府及社会组织等多方力量相互协作、共享共建打造的。合作中的企业作为“鲁班工坊”建设的重要成员，直接参与整个项目从专业设置到毕业生就业的全过程。产教融合、校企合作共建“鲁班工坊”，是这一品牌建设的特色。

3. 多方协同，合力打造中国职教品牌

打造中国职教品牌，必须协同发展，通过资源整合、优势互补，加强学校、行业协会、企业间的全方位合作，深度探索以职业院校为依托的校际合作模式、企业和学校相互配合的校企合作模式、以国家政府为依托的战略合作模式。高职教育的进一步国际化，需要凝聚更多共识，不同高职院校应从自身优势入手，结合不同行业领域、不同行政地域特色，凝练成行业领域、行政地域、院校联盟等各维度的品牌。

二、高职院校层面

随着经济全球化进程的不断加快，以及“中国制造2025”“一带一路”倡议的推进实施，国际化发展不再是高职院校的“可选项”，而是关乎发展前途、必须完成的“规定动作”，国际化建设成为我国高职院校发展的必然趋势和重要内容，打造一批具有国际交流能力和国际影响力的高职院校，是新时期高水平高职院校建设的重要目标。

（一）制订国际化发展规划，优化高职院校国际化发展顶层设计

高职院校必须制订明确的国际化发展规划，确定高职院校国际化未来几年的发展目标、方针和任务。制订国际化战略规划时，要注意把握教育对外开放原则，把握好加快、扩大、提质、增效、稳步、有序的度，制定出适合自己学校特色的国际化行动实施方案和细化的规章制度，同时，还要建立高职国际化发展评价体系和质量评价指标，对高职国际化工作的全过程进行监测预警，对国际化工作进行诊断性考核①，以保证国际化规划有效实施。

1. 服务国家战略，规划高职院校的国际化发展

中国社会经济已经进入新发展阶段，制造业稳居全球第一，科技发展日新月异，国际影响力持续扩大，“构建人类命运共同体”的理念，得到了包括联合国在内的国际组织和世界各国的广泛认同。“一带一路”倡议的提出，我国与东盟、中东欧及非洲国家和地区的合作，上海合作组织、金砖国家等的成立，为我国高职教育国际化提供了广阔的发展空间和良好的发展机遇。高职院校应把握新时代教育对外开放布局，站在服务国家战略的高度，开阔国际化视野、思维，提升国

---

① 宿莉，吕红. 高职院校国际影响力：特征与对策——基于近三年“国际影响力50强”高职院校的质量年报数据可视化分析［J］. 中国职业技术教育，2020（30）.

际化能力，切实通过国际化进程加大我国对外开放的广度和深度。在教育对外开放助推我国全面开放的新格局中，充分考虑有利的宏观条件，同时结合本地区的产业优势、院校具体的专业优势等，制订详细的计划，设计切实可行的实施路径，并提供有力的保障措施，以更高的站位、更广的视野，争取资源，系统谋划，扎实推进，规划学校的国际化发展。

2. 聚焦区域发展重点，谋划高职院校的国际化发展

高职院校的国际化与自身区位有关。各高职院校要充分发掘自身的区位优势和比较优势，联合周边省区市，加强区域联动发展，积极、深度参与“一带一路”建设，在高职教育国际化方面持续发力。同时，应抓住本区域职业教育发展能够得到的支持。总之，高职院校应聚焦区域发展重点，谋划本校的国际化发展。

3. “引进来”和“走出去”并重

高职国际化发展的第一阶段是引进和消化职业教育发达国家优质的教育资源，第二阶段是引进和输出并行，输出的任务相对突出。“一带一路”倡议的推出，为高职教育面向“一带一路”欠发达国家和地区输出中国优质教育资源、输出中国标准、提升中国全球地位和话语权提供了历史机遇。我国也对高职教育面向“一带一路”国家和地区的国际化发展提供了政策、资金支持和工作导向。高职院校应当树立开放办学、国际化办学的意识，拓宽视野，积极融入教育全球化发展浪潮，用国际化眼光指导办学发展。坚持“引进来”“走出去”并重，在引进国外优质职业教育资源的同时，利用合作办学平台积极打造一支高素质、国际化的师资队伍，培养一批国际化、实力强的高级技术和管理人才。要充分发挥中国职业教育特色优势，对接、制定国际职业教育标准，积极探索职业教育“走出去”模式，培养国际化高素质技术技能人才。在吸收国外先进经验的同时，不断总结、凝练中国职业教育的理论与实践，与世界各国分享中国职业教育的发展经验。在继续保持“引进来”实施力度的同时，加大对“走出去”的支持，包括资金支持、政策支持、人员支持等，在教学方式、课程开发、标准制定、人才培养模式等方面设计适用于“一带一路”国家的行业规范和标准，在输出教师、建立海外分校、招收国际学生等各个层面积极展开研究，打造在国际上有竞争力的

中国职业教育专业发展模式与教学标准，与世界各国职业教育组织和院校共享发展成果，推动构建全球职业教育命运共同体。

4. 把国际化作为学校整体规划的重要组成部分

随着我国“一带一路”倡议的行动化实施、区域外向型经济发展对人才的现实需求及高职院校自身发展需求的增强，越来越多的高职院校将国际交流合作从单纯的外事活动提升到战略高度层面，将之作为学校整体发展规划的一个重要组成部分。高职院校要科学谋划和做好顶层设计，把国际化发展纳入学校中长期发展规划，统筹国内国外两个方面的资源，发挥自身办学特色优势。国际化办学需要由学校内部相关职能部门或学院牵头，但这种办学活动绝不是某个部门或某个学院可以“承包”的事情，它是“一把手工程”，是关乎学校长期发展、关乎全局的大事。有了发展规划和“蓝图”，学校层面还要绘好“施工路线图”，举全校之力，调动各部门和相关学院的积极性与创造性，组建思想素质过硬、业务能力精湛的“施工队”，以保证“一张蓝图干到底”。

（二）完善管理体制机制，保障国际化办学有序开展

高职教育国际化不仅仅是标准国际化、办学国际化、职业资格证书国际化和赛事国际化等，更是把各种国际化要素有机结合、科学合理运作的管理过程。国际化管理体制机制的创新与完善，是高职院校国际化办学有序开展的重要保障。高水平高职学校须从管理的视角进行系统思考，积极构建国际化相关职能部门并加强国际化考评管理，通过建立运行组织体系、协调运行机制和完善考核评价体系，不断创新和完善国际化管理架构，为提升国际化发展水平保驾护航。

1. 完善国际化管理组织架构与管理流程

完善的国际化管理组织架构与管理流程，是促进高水平高职院校建立科学的国际化运行组织体系的重要基础，对高职院校创新与完善国际化管理体制机制具有促进作用。我国高职院校国际化发展起步较晚，部分院校国际化管理组织架构尚未建立，工作制度尚不健全，致使国际化工作开展具有随意性和不确定性，不利于学校高水平、高质量地系统推进国际化工作。在“一带一路”倡议和全球化发展背景下，以国际化视野和行动推进国际化时，高职院校须深化管理体制机制

建设，进一步完善国际化管理组织架构，完善国际化工作制度与运行机制，加强国际化管理人才队伍建设，逐步建立科学的国际化运行组织体系。

（1）要建立健全国际化管理机构

各高职院校应围绕学校国际化发展的中心工作，设立与国际接轨的、国际化程度较高的国际合作与交流职能部门，有效统筹学校国际化发展多方资源，落实学校国际化发展战略。

（2）要完善国际化工作制度与运行机制

根据当前国际化发展方向，不断拓展学校国际化管理部门职能，由单一职能向多元职能转变，从以常规的外事接待服务为主向服务国际化人才培养转变，从以引进资源为主向引进资源与开拓国际化办学并重转变。学校应根据国际化发展进程及项目的拓展，不断完善国际合作职能部门的工作制度及责任，制订国际化发展战略规划等，细化国际化项目管理办法，建立起国际化发展的管理制度体系。

（3）要加强国际化管理队伍建设

国际合作职能部门负责人及工作人员在学校国际化发展进程中担任着重要角色，在语言、专业、跨文化交流能力、执行力等方面对其都有较高的要求，因此高职院校需要配备一批高素质的国际化管理工作人员。二级学院应设立国际化工作联络员，与专职工作人员共同构成一支专兼结合的国际化管理队伍。

2. 加强职能统筹，建立国际化协调运行机制

随着高职教育国际化广度和深度的不断加大，国际化已不仅仅是学校国际合作部门的工作，而且成为涉及学校多领域多部门的工作。高职院校在不断加强国际合作部门归口管理的基础上，须有效统筹校内其他部门资源，充分调动其参与国际化工作的积极性，建立由国际合作职能部门主导，教务部门、人事部门及二级学院等多部门配合的协调运行机制，加强部门之间的统筹与协调，确保信息、资源的合理分配与利用。

（1）教务部门与二级学院统筹开展国际化人才培养工作

培养本土学生的国际化能力是国际化人才培养的目标，高职院校教学管理中须坚持课程国际化，在教学内容设计上需要有国际化思维，更重要的是加快国际

化专业标准的建设步伐，以此引领专业国际化。在国际化专业标准的建设上，要借鉴国际先进标准，有效提升高职院校的专业建设水平。本土标准则是在依托优势专业开发国际认可的专业教学标准的基础上输出的，以实现本土标准的国际化。在国际化人才培养工作中，国际合作职能部门要牵头建立国际化发展信息共享制度，按时召开国际化工作会议，促进信息交流和分享，让部门间充分协同配合。

（2）统筹人事部门，加强师资队伍的国际化水平

高职院校在打造中外结合、专兼结合的国际化教师队伍过程中，须内培外引相结合。一方面，加强海外引智，聘请高水平专任教师；另一方面，加大教师培训力度，支持教师在国（境）外组织任职，组织教师开展境内外教育教学培训，提升教师的跨文化交流能力及增强教师的国际化教学理念。通过内培外引，建设一支具有国际视野、通晓国际规则、能力胜任、结构合理的管理团队，打造一批懂外语、懂专业的高素质复合型技术技能专任教师，聘用一批综合素质高、专业能力强的外籍教师。高职院校人事部门和国际部门要协同加强师资队伍的国际化水平。

（3）相关职能部门各司其职

在留学生培养中，国际合作部门须按照趋同管理的原则，统筹相关职能部门，使其各司其职，逐步健全留学生管理相关制度与质量保证机制，开展来华留学质量认证，提升留学生人才培育质量，打造“留学中国”品牌，发挥留学生教育作用，讲好“中国故事”；国际学术研究活动的开展，是科研国际化的有效途径，国际合作部门须将眼光对准世界，统筹好科研管理部门与研究机构资源，积极搭建学术交流平台，促进学术研究国际化；在海外办学中，充分发挥教务、教学系部、学生管理、后勤保障、安全稳定等管理部门的职责，输出中国职业教育，服务国际产能合作。

3. 形成国际化的监督评价与反馈机制，推动国际化办学可持续发展

开展考核评价是衡量高职院校国际化程度的有效途径，也是学校把握国际化发展中面临问题的重要手段。要实现高职院校国际化的高质量发展，高职院校需要加强国际化发展考评管理，通过灵活多样的考核评价方式，对参与国际化发展

程度较高的职能部门、二级教学单位、教师等进行全方位的考核评价。

（1）将国际化指标纳入学校的质量评价体系

注重体现高职教育国际化的指标，如引进和开发具有国际水准的专业课程与教材情况，国际职业资格认证培训等活动或项目的引入及开展情况，与国外院校和企业联合办学甚至招收国际班的情况，等等。同时，建立定量与定性相结合的国际化定期跟踪机制，根据项目进度与战略目标的实现度，合理、有效地配置内部资源。在定量评价方面，应建立高效、畅通的国际化工作信息系统，动态、定期收集、处理相关信息，必要时可建立相应的项目资源库；在定性评价方面，应加强对国际化质量评估的重视程度，对国际化发展进度及质量成效进行评估。

（2）推动职能部门积极参与高职院校国际化建设

把二级学院作为高职院校国际化办学的重要实施主体，将国际化资源引入、国际化人才培养、国际化合作与服务作为二级学院考核的重要内容，推动二级学院积极开展国际交流合作，培养国际化人才。教师是高职院校国际化办学项目的具体执行者，要将国际化学习工作经验、国际化教学能力等作为教师专业发展的重要内容，以促进教师在国际化环境中工作能力的提高。例如，将参与国际化办学项目、出国学习和工作经历等作为专业教师职称评定的重要依据，同时出台制度文件，强化教师“双语”能力培养，激励教师赴国（境）外进修、工作，有效提升教师在国际化环境中的工作能力。

（3）对国际化办学项目进行绩效管理

国际化办学是我国职业教育升级发展的必经之路，但需要避免一哄而上、不顾成本的国际化办学模式。国际化办学如果绩效低下，就会影响政府和院校层面的持续投入与支持。在国际化办学过程中，需要按照国际化办学目标对国际化办学进展情况等进行及时的总结与反馈，不断调整国际化办学的目标、内容与策略。在国际化办学项目绩效管理方面，对于对外援助性的国际化办学，应尽量争取政府财政支持，在政府财政拨款的框架下加强成本核算，实现政府支出效益的最大化。对于一般性的国际化办学项目，应严格进行财务管理，加强盈亏平衡的科学核算，避免国有资产流失和公共资源滥用。在现有财政拨款渠道的基础之上，积极拓展企业、个人、非政府组织等的支持，加强对国际化办学项目的成本和绩效管理。

（三）加强专业和课程内涵建设，提升国际化人才培养质量

专业和课程内涵建设是高职院校国际化发展的关键与核心，要对接世界一流标准，勇当我国高职教育走向世界舞台的“领头雁”，通过输出高职教育优质资源，提高国际影响力和话语权，要构建国际化专业和课程标准体系，着力加强国际化师资培养及留学生教育，深化国际化专业（群）建设，提升国际化服务水平。同时，要主动接轨国际互认体系，结合自身办学特色与经验，重塑专业建设理念，再造专业建设流程，完善保障体系与支撑机制，全面提升专业建设的国际化水准。在人才培养方面，要探索新模式，树立国际化人才培养的核心价值观和质量观，致力于探索国际化人才培养新模式。

1. 构建国际化标准体系，打造中国职业教育国际品牌

职业教育标准是一个国家最根本的教育规范，也是职业教育现代化的重要标志之一。世界上多数发达国家和国际组织通过制定并实施教育标准规范院校办学，提升人才培养质量，一些国际标准已被广为接受，成为教育质量的保障。构建世界认可、具有中国特色的国际化标准体系，将有效提升中国职业教育的国际化服务水平。

（1）引进、优化国际优质职业教育资源，促进职教标准本土化

要加强对现有国际职业教育标准的研究，将国际职业教育标准与中国职业教育发展的现实基础和需求结合起来，促进职业教育实践与国际标准有效对接，避免简单地引进和照搬。要结合院校办学实际和人才培养现实需求，对引进的指标体系进行本土化改造，参照其标准构建本土化的专业建设指标体系，推进专业内涵建设。

（2）开发专业标准，为“一带一路”国家和地区提供中国标准

随着“一带一路”建设的深入推进和职业教育质量的不断提升，越来越多的高职院校将伴随企业走向世界，也将有越来越多的中国职业教育标准被世界认可和接受。当前应推进高职院校与行业组织、跨国企业的合作，探索开发国际通用的专业标准和课程体系的有效途径，推进本土标准国际化，提升中国职业教育的

国际影响力。尤其是在装备制造、交通运输等优势领域，我国要主动“走出去”，同职业教育发达国家一起参与制定国际标准，不断提升我国职业教育的话语权。

2. 主动对接国际标准，创新开放型职业教育体系

服务“一带一路”，探索与中国企业和产品国际化相匹配的高职教育发展模式，加快培养适应我国企业“走出去”要求的技术技能型人才，是高职院校肩负的责任。要实现高职教育国际化，高职院校应致力于加强同国际组织与专业机构的教育交流合作，积极构建开放型职业教育体系，实现高职人才培养与“走出去”企业人才需求的精准对接，为“一带一路”建设提供高质量的人才支撑。在构建开放型职业教育体系过程中，要积极签署双边、多边教育合作框架协议，参与制定职业教育合作国际公约，推动“一带一路”国家和地区学历学位认证标准连通，解决合作交流瓶颈问题，实现学分互认、文凭互认，进一步在课程、教学、科研等方面实现资源共享，不断拓展合作外延，形成全方位的教育合作开放格局，进而逐步实现就业市场和从业标准的一体化，有效推动“一带一路”国家和地区劳动力的良性流动。

3. 加强留学生教育，培养国际化技术技能人才

开展留学生教育是高职院校培养国际化技术技能人才直接、有效的途径之一。要探索具有技能特色的留学生教育，通过政府与政府合作、学校与政府合作、院校合作等多种方式，为“一带一路”国家和地区培养经济社会发展急需的技术技能人才。我国高职院校要在继续扩大留学生教育规模的基础上，着力深化具有中国特色的高质量的职业教育教学改革。

一是要积极对接国家和区域发展规划，分析国际劳动力市场供需变化，瞄准技术人才紧缺的专业领域和国家地区，提升国际留学生与研修班人才培养质量。

二是要丰富留学生教育教学资源，凸显职业教育育人特色。针对生源国家紧缺岗位，制订专业人才培养方案，厚植中国优秀文化，加强语言交流学习，建设英文版、法文版等双语专业核心课程，并纳入学校专业教学资源库，方便留学生线上线下混合式学习。同时，根据学生语言、学历等学习基础，实施分层分类培养，满足学员个性化学习需要，开设寓教于乐的第二课堂（书法、京剧等），让留学生体验中国优秀文化，增强留学生对中国文化的认同感。

三是要强化实践教学，提高人才培养质量。充分发挥职业教育产教融合的重要特征，依托校企共建的实训基地，安排专兼结合的高水平“双师双能双语”教学团队进行现场指导，真岗实练，提升留学生的专业技术技能水平与职业素养，并使其了解中国企业的生产过程、掌握生产工艺、感悟生产管理与企业文化，为未来服务本国产业发展奠定坚实的基础。组织留学生参与各类技能比赛，在增强他们自信的同时使其展示自身才能，以增强其对中国职业教育的认同感。

（四）建设特色的高职教育国际化师资队伍

国际化是高职教育长期的发展方向，高素质的国际化师资队伍是国际化项目成功运作的基本保证。国际化师资队伍建设也是我国高职院校服务“一带一路”国家和地区建设所面临的关键问题。高职院校服务“一带一路”建设的师资队伍，其建设具有不同于本科院校的要求和特点。派出去的教师不仅要有实用技术和企业经验，能够指导学生获得岗位操作技能，还要了解“一带一路”国家和地区文化与行业规则及需求，尽可能地与“走出去”的企业合作，进行中国职业教育的输出，此外，还要有跨文化沟通能力，以胜任国（境）外教学，同时，应具备根据当地和企业实际需求设计与构建课程标准的能力。

1. 要把国际化师资队伍建设纳入院校中长期发展规划

当前和今后一段时期，服务国家“一带一路”建设都将是高职教育国际化发展的关键任务之一。只有长远规划，才能有效建立高素质的、长期稳定的国际化师资队伍，从而充分利用和输出我国高职院校职业教育优势资源，服务“一带一路”走出去企业，加强与“一带一路”国家政、校、企的合作交流，提升我国高职教育面向“一带一路”国家和地区的国际化发展水平。

一是要将国际化师资队伍建设纳入学校发展规划。在国际化师资队伍的建设目标、建设举措、保障措施方面，全面规划“一带一路”国际化师资队伍建设工作，充分保障国际化师资队伍建设的规模和质量。

二是要将国际化师资队伍建设任务分解到各职能部门和承担国际化任务的二级学院，并将其作为学校绩效考核的重要参考指标。建立与国际化发展目标相对应的稳定的国际化职能机构，由相应的职能机构规划和完善体系，落实工作责任，监督执行过程，以确保实现国际化师资队伍建设目标。

2. 外引+内培，建设国际化师资队伍

高职教育国际化师资队伍应由本土师资和外籍师资组成，在“一带一路”建设背景下，要解决国际化师资队伍规模不足、人才青黄不接的问题，需要引进和培训相结合，既要重视“外引”，也要狠抓“内培”。

一是根据国际化发展需求，在招聘教师时要针对学校正运行的国际化项目、即将开发的项目和长远的国际化办学发展规划，有计划地选择相关专业具有国际化教育背景、国际化办学教师应具备的基本素质的教师。“外引”工作可着眼于输送行业企业在华外籍资深专家担任学院专业教师，开展外语浸入式专业课教学，并鼓励本土师资与外籍专家合作教学，拓宽教师国际化视野。

二是对现有师资队伍加强培训，选派基本条件好、对国际化工作抱有热情的专业教师和青年教师，参与学院已有的国际交流合作项目等，进行实践锻炼，并组织专题性国际化师资培训，鼓励教师借助国际学术研讨会、真题工坊、教学研讨、线上共同备课等多种有效方式培养和提升自身的国际化能力。专题国际化师资培训要准确设计培训内容，将“一带一路”建设不同项目需要的不同的跨文化沟通能力、语言能力、课程开发能力、实践技能等内容涵盖进来，以脱产培训和在岗培训相结合、国内培训和国外培训相结合等方式，切实提升国际合作项目所需专业教师的国际化能力。

三是积极引进一定数量的外籍教师，注重挖掘外籍教师的潜力，安排外籍教师参与“一带一路”建设，将外籍教师作为“一带一路”建设国际化师资队伍的有效补充力量。

3. 注重“实践技能+语言能力+跨文化沟通能力”的培养

高职院校师资的国际化水平是保障高职院校国际化办学质量的关键，因此要注重培养和提升教师的实践技能、语言能力和跨文化沟通能力。在国（境）外办学中，中方教师的双语授课能力、实践操作能力、跨文化沟通能力须同步提升，这样才能准确地表达和传授知识与技术。外方教师语言能力和实践能力的提升同样是开展好国（境）外办学的前提。要针对不同国别、区域教师的学习经历和教学习惯差异，根据其掌握技术技能的优势、难点差异，对其开展有针对性的培训，以培养一支能满足海外办学教学需要的、相对稳定的国际化师资队伍。

4. 完善和强化激励措施，稳定国际化师资队伍

稳定国际化师资队伍，必须有相应的激励政策做保障，在薪资待遇等方面，要有激励措施，要给予国际化合作项目师资队伍骨干成员更多的培训发展机会，对国际项日专任教师给予课时和薪酬补贴，以体现对国际化师资队伍价值的认可。具体来说，例如，在薪酬待遇方面，可以采取给国际化办学项目教师提高课时系数的政策，以起到激励作用；对于外派“一带一路”国家和地区的执行培训、教学和科研任务的教师，充分保证其出差待遇，为其提供生活、工作方面的保障，解决其后顾之忧；还可以在评优和职称晋升等方面体现对国际化师资贡献的认可；等等。总之，高职院校要通过完善和强化激励措施来稳定国际化师资队伍。

第六章　乡村振兴背景下职业院校专创融合教育探索

第一节　乡村振兴战略的内涵与要求

乡村振兴战略的提出是遵循现代化建设规律做出的战略部署，是走中国特色现代化道路的必然要求，是根据当前城乡发展特征做出的科学抉择。厘清乡村振兴战略的科学内涵、总体要求、战略意义及推进路线，有利于对乡村振兴战略，以及农村发展愿景展开进一步研究。

一、乡村振兴战略的科学内涵

（一）准确把握乡村振兴战略和城市化战略的关系

通过乡村振兴战略解决中国城乡发展不平衡和农村发展不充分的矛盾，并非意味着中国城市化战略将放缓，更不是要用乡村振兴战略来替代城市化战略。恰恰相反，乡村振兴战略必须置于城乡融合、城乡一体的架构中推进，并且应以新型城市化战略来引领，已经建成“以城带乡”“以城兴乡”“以工哺农”“以智助农”“城乡互促共进”融合发展的美丽乡村和实现乡村振兴。

中国乡村振兴战略的重点与任务既在乡村，又在乡村以外。要实现城乡人口的交互流动和优化配置，必须拓宽乡村振兴战略的视野，既重视乡村内部的建设发展和体制机制的创新，又重视乡村振兴外部环境的改善。[①] 由于中国的城乡二元结构具有社会保障和财产权利双层二元的特性，从破解城乡二元结构的体制机

① 吕风勇. 乡村振兴战略的根本途径在于城乡融合 [J]. 中国国情国力，2018 (6)：53-55.

制的角度看，以城乡社会保障体制和农村集体产权制度为重点的三大联动改革，即城乡联动、区域联动，以及中央和地方联动的改革，应纳入乡村振兴的战略框架，并成为乡村振兴战略的基本驱动力。也就是说，破解城乡二元结构，建立城乡一体、城乡融合、城乡互促共进的体制机制，应成为乡村振兴和乡村现代化的必要条件。

（二）准确把握中国乡村形态及其变化趋势

中国乡村形态分化与发展的态势表明，随着城市化和工业化的发展，中国乡村人口正在逐步从分散的自给型经济分布向相对集聚的市场型经济分布转变，乡村人口的空间格局与分布正在发生着剧变。这种剧变过程意味着，一方面，乡村的发展和振兴不仅需要城市化的引领，而且需要乡村人口自身在空间上的相对集聚和优化分布，这两者应该是同步的过程；另一方面，乡村人口空间格局与分布的变化，也为乡村振兴战略的实施提供了创新空间，具体而言，是为“乡”和“村”的有机结合、优化配置和融合发展提供了创新空间。从中国不同区域乡村的不同类型和发展实际出发，既可以以“村”为基本载体实施乡村振兴战略，也可以以“乡”为载体实施乡村振兴战略。也就是说，在有条件的乡村区域，可以通过体制机制的改革创新，探索以“乡”主导，以“乡”带“村”、“乡”“村”共治与融合发展的新型乡村治理结构，对乡村组织、干部体制、人口集聚、产业发展、公共服务和产权制度等进行深化改革和优化配置，实现新型城镇化与乡村振兴的深度融合。总而言之，中国乡村振兴战略与城市化战略并不是矛盾体，而是“你中有我，我中有你”的相互交融关系。在中国乡村振兴的进程中，乡村定将成为农业转移人口市民化的助推器、田园生态城镇的新空间、城乡居民对美好生活向往与追求的宜居地。

二、乡村振兴战略的内容

（一）坚持城乡均等发展理念，促进融合发展

落实乡村振兴战略，疾步稳健地走城乡融合发展之路，必须将工业与农业、

城市与乡村、城镇居民与农村居民作为一个整体纳入全面建成现代化建设的全过程中。要明确乡村在全面现代化建设中的突出地位，从根本上改变以工统农、以城统乡，以扩张城市减少农村、减少农民的发展路径，明确城乡融合发展是实施乡村振兴战略，推进农业、农村现代化的有效途径。进一步理顺工农城乡关系，按照产业兴旺、生态宜居、乡风文明、治理有效、生活富裕的总要求，建立健全城乡融合发展体制机制和政策体系，统筹推进农村产业发展、生态优化、文化传承、社会建设和组织建设。加快推进乡村治理体系和治理能力现代化，在干部配备上优先考虑、在要素配置上优先满足、在资金投入上优先保障、在公共服务上优先安排，以补齐农业农村发展的短板，缩小城乡差距，实现城乡平衡、充分发展。

（二）完善农村基本经营制度，促进农民增收

稳定农村土地承包关系是中共中央确立的农村承包土地“三权”分置改革的制度基础。把农户承包经营权落实到地块，使农户承包地权属更加明晰，农民流转承包地就能更踏实，利益预期就能更明确，农户才能放心流转、稳定流转。巩固和完善农村基本经营制度是构建现代农业产业体系的基石。巩固和完善农村基本经营制度就可以不断推进农业经营体制创新，不断壮大农村新型经营主体，加快农业经营方式实现“两个转变”，即家庭经营向采用先进科技和生产手段方向转变，增加技术、资本等生产要素投入，着力提高集约化水平；统一经营向发展农户联合与合作，形成多元化、多层次、多形式经营服务体系方向转变。当前，要壮大集体经济，增强集体组织服务功能，培育农民新型合作组织，发展各种农业社会化服务组织，鼓励龙头企业与农民建立紧密型利益联结机制。充分尊重农民的意愿，把小农户经营引入现代农业规模化、集约化的发展轨道。

（三）深化供给侧结构性改革，促进质后兴农

绿色兴农不仅是质量兴农的有机组成部分，而且关系到农村人居环境。农业投入和资源要素等是直接影响农产品质量的重要因素，走农业绿色发展道路，才能实现乡村产业兴旺，建设生态宜居乡村。走质量兴农之路，要加快推进农业由

增产导向转向提质导向，实现农业、农村发展动能转换。要顺应消费者对更高质量、更加安全和绿色生态农产品食品的需求。必须加快构建优质优价机制，强化优质绿色农产品生产的激励机制。推进农产品质量分等分级，强化质量塑造品牌，克服农产品市场信息不对称的弊端，促进农业标准化生产。要加快现代农业产业体系建设，促进农牧业循环发展和农村新产业、新业态发展，推进农村第一、二、三产业融合发展，使优质绿色农产品价格在产业链和价值链中充分反映出来。要通过社会化服务和订单农业等途径促进小农户和现代农业发展的有机衔接，形成质量兴农经营体系。要深化粮食收储制度改革，在以保障国家粮食安全为底线的基础上，更加注重发挥优质优价机制，为绿色优质农产品的发展创造更大空间和有利条件。要加大科技创新，为优质绿色农产品生产流通提供科技支撑。只有强化制度性供给，探索健全质量兴农体制机制和政策体系，走质量兴农的道路才能迈开实质性步伐。

（四）坚持人与自然和谐共生，促进绿色发展

乡村的永续发展以自然资源的永续利用和良好的生态环境为基础。绿色发展能保护好、积蓄好、奠定好宜耕宜牧的土壤环境、宜饮宜灌的水体环境、宜呼宜吸的大气环境等，从而为农业永续发展提供不竭动力。实现乡村绿色发展，要着力构建绿色农业产业结构。根据市场需求推进农业结构调整，依靠科技引领推进农业转型升级，增加绿色优质农产品供给，逐步建立起增收效果好、环境效益高、可持续发展的产业结构体系。打造生态宜居乡村环境，加强农村突出环境问题综合整治，统筹山水林田湖草系统治理，以绿色发展引领生态振兴，重点解决土壤修复、污水治理、垃圾处理、旱厕改造等难题。充分发掘、创新性继承发展乡村传统绿色文化，建立绿色发展支持体系，促进乡村绿色发展的补贴政策体系及市场化多元化生态补偿机制做好宣传工作，引导更多人树立绿色发展理念，促进其自觉参与绿色发展实践。完善执法队伍，确保执法到位，营造良好的法治保障。

（五）传承发展提升农耕文明，促进文化繁荣

乡村振兴离不开文化振兴，传承乡土文化就是留住华夏文明之魂。要深化对

乡村文化价值的认识与理解，增强对传统乡土文化的认同感和信心，让有形文化留得住、活态文化传下去，焕发新的魅力。要高度重视古村落保护，挖掘和展示其独有的文化内涵，在确保当地百姓的生活更加便利的同时，科学、合理地编制古村落保护发展规划，既要让有形的乡村文化留得住，还要让活态的乡土文化传下去。对广袤农村孕育出的民间艺术、戏曲曲艺、手工技艺等非物质文化遗产，要将大力保护传承和开发利用有机结合，实现活态传承和经济发展双赢，让历史悠久的乡土文化在新时代焕发出新的魅力和风采。要科学引导乡村移风易俗，坚持用农民易于接受的形式进行宣传，让文明新风成为乡风主流。坚持把老百姓身边的好故事、好榜样讲出来、演出来、唱出来，让新风尚在广阔乡村生根发芽。

(六) 健全创新乡村治理体系，促进乡村善治

乡村善治与否关系到乡村的和谐稳定和国家的长治久安。随着工业化、城镇化步伐加快，以及农村社会流动性的不断加大，部分农村已经出现了空心化状态，给乡村治理带来了新的挑战。为了给乡村振兴营造一个和谐、安宁的社会环境，要努力做到以自治实现乡村治理共建格局、以法治实现乡村治理共治格局、以德治实现乡村治理共享格局的“三治融合”。要切实解决好农民权益保护、农村空心化、农村基础设施和公共事业发展滞后、村民自治实践不够完善、乡村治理主体的参与度不高、“返乡族”作用的充分发挥等问题，就必须充分调动农民的积极性、主动性与创造性，发挥乡贤领头羊、带头人、中介与桥梁的作用。加强基层自治组织体系的制度建设和乡村党组织建设，强化党在乡村社会中执政的组织基础，积极引导村民自治，组织和调动相关道德权威人物的力量调解矛盾纠纷。创新村民自治的组织形式，鼓励乡村社会组织的发展，持续推进民主法治村、社的创建，通过发现典型、梳理经验，推动法治在基层落地生根、开花结果。创新村干部工作方式，不断增强其运用法治思维和法治方式开展工作的能力。积极发挥村规民约的区域性功能，引导村民在村规民约中体现法治的约束功能。加强村民个体的教育与培养，注重不良道德行为的惩戒，注重乡村道德人物的塑造与宣扬，发挥其道德标杆和道德引领的作用，并给予其必要、适当的物质奖励和精神鼓励。

三、乡村振兴战略的总体要求

（一）乡村振兴战略总体要求的内容阐释

乡村振兴战略的20字发展方针，是乡村振兴战略的精髓。

乡村振兴战略在提出之后，就成为我国现代经济体系建设中的重要内容之一。作为推动乡村发展的重要驱动力，产业发展是乡村振兴战略中最基础的任务，同时也是最关键的任务之一。当前阶段，我国农村产业发展滞后，这一状况既显示出农村中农业问题的短板，也显示出农业后期发展的巨大潜力。乡村振兴战略作为当下推进农业现代化进程的关键，需要借助农业供给侧结构性改革，优化农业结构，提高农产品质量，切实实现农业产业崛起。此外，将农村第一、二、三产业深度融合，不仅能够有效促进产业链的延伸，而且能够进一步促进经济的发展，是帮助农民促进就业、增加农民收入、维护农村稳定的有力措施。将产业发展作为乡村振兴战略的重点有其现实意义，乡村振兴战略的实施应以农业产业的发展为切入点，直趋深层。

第一，产业兴旺是乡村振兴战略的基础。提到产业兴旺，有乡村生活经验的人自然会联想到过春节时家家户户喜欢张贴的两个条幅："五谷丰登""六畜兴旺"。这些反映的正是乡村生产内容的丰富性和多样性。乡村的生产类型是丰富和多元的：有多样化的种植业、养殖业；有丰富多彩的乡村手工业；有大田的农业生产，还有房前屋后种瓜种豆的庭院经济；更有现代社会发展形成的乡村休闲度假等新型产业。乡村产业的经营主体也是多元的：有以农户为主体的产业类型，也有以合作社、农业企业、外来资本为主体的产业。从农民自身需求出发，促进多种生产经营活动一并推进，是农村产业繁荣的重要特征。

第二，生态宜居是乡村振兴战略的关键。推进生态宜居的乡村发展是一个长期且持续的过程，并不能一蹴而就。生态文明建设作为支持现代化建设的重要组成部分，对农业、农村经济发展有重要影响。乡村振兴战略中生态宜居的需求是在长期生态文明建设工作的基础上所提出的新标准，生态代表着自然环境和社会环境的发展。在农村，良好的生态环境才能为产业的发展提供建设的基础，才能为农民群体提供更加宜居的生存环境，也能为文化等产业的开展提供自然资源等发展基础。

第三，乡风文明是乡村振兴战略的保障。乡风代表乡村的特质，旨在推进乡村精神文明建设，同时，我国农村地区传统文化很大程度上是乡土文化，需要社会各界共同努力来唤醒文明乡风。具体做法可以采取相关措施保护优秀的村风，既包括所在村落的物质文明，也包括非物质文明，而优良的村风不仅表现了村民的精神状态，更代表了独特的乡村风貌。除此之外，还应当通过社会主义文化建设，弘扬现代主流思想和良好精神品质，积极投身乡村振兴战略建设工作。

第四，治理有效是乡村振兴战略的基础。首先，任何社会都需要法律法规和道德规范，城乡差距的具体表现之一体现在乡村地区的治理情况相对落后，要实现乡村全面振兴离不开治理水平的提升。其次，乡村治理还应当注重效果，要注重政策、方针的贯彻与落实。此外，农民是农村的主体，还应当注重乡村自治，而乡村自治的过程同样也是协商的过程，在协商过程中应当注重公平、公正原则。乡村治理的目标是将乡村法治、乡村德治、乡村自治统一结合，从而形成“村村有村规，人人讲规矩”的乡村善治体系。只有这样才能实现乡村生活富裕这一乡村振兴战略的根本目标。

综上所述，乡村振兴战略的五大要求涵盖了乡村政治建设、乡村经济建设、乡村文化建设、乡村生态社会建设的有机整体，贯穿乡村振兴战略的始终，描绘出了乡村全面振兴之后的美丽图景，是整个乡村振兴战略的核心。

（二）乡村振兴战略五大要求间的相互关系

我国的农业问题、农村问题和农民问题三者之间并不是孤立存在的，而是互相联系的整体。要解决这些问题，须坚定三者协调、相互发展、共同进步的立场。当前的乡村振兴战略发展目标，应立足于全面推进农村发展，其五大要求紧密相连，乡村振兴战略的任一要求都与其他要求相互关联、相互影响。

首先，产业兴旺是乡村振兴建设中最重要的目标之一，其成功实现与农业供给侧结构性改革息息相关。在乡村建设中，只有坚持绿色农业、生态农业，保证农业的可持续发展，才能合理配置土地资源，改善农村生态环境，从而实现农村产业的多元化发展，推动农村生态建设。在此基础之上，人民群众精神需求也会日益增加，进一步推进精神文明建设，构建文明乡风，从而实现农村物质文明建设和农村精神文明建设共同进步，为农村实现生活富裕奠定基础。

其次，生态宜居是乡村振兴建设20字方针中的重要内容，其成功实现离不开乡村居住环境的改善。农村环境保护和农村资源开发均应当受到相关部门的高度关注，特别是在自然资源占主导地位的地区，更应当注重自然资源的合理开发，将农村良好的资源优势转化为农村建设的发展优势。良好的农村生态环境是发展生态农业的前提，同时也是发展乡村旅游资源的重要形式。

总之，乡村振兴五大要求涉及乡村政治、经济、文化、社会及生态环境的方方面面，对整体乡村的转型升级有重要影响，在实施乡村振兴战略过程中要正确处理好五大要求的相互关系，共同致力于乡村全面振兴。

四、乡村振兴战略的推进路径

（一）始终坚持党对农村工作的领导，筑牢乡村振兴的政治保障

一是要坚定不移地在乡村振兴进程中贯彻党的领导。各级党组织不断增强政治领导能力，充分发挥政治优势，把党的领导贯彻到乡村振兴政策制定、工作部署、具体落实中，提升对乡村振兴事业的凝聚力、向心力。

二是要继承和创新党管农村的优良传统。应以“四个意识”为指导，深刻认识实施乡村振兴战略的重大意义，将党的乡村振兴主张统一到各级党组织和全体党员的思想意识与工作行动中。在干部配备、要素配置、资金投入、公共服务等方面向农业、农村倾斜，为乡村振兴提供物质和制度支撑。

三是要完善党的农村工作领导体制机制。要建立实施乡村振兴战略领导责任制，实行中央统筹、省负总责、市县抓落实的工作机制，确保党政一把手是第一责任人，五级书记抓乡村振兴。各级党委和政府要积极推进工农、城乡全面发展，相关部门要做好协同配合，为乡村振兴提供体制机制保证。

四是要发挥农村基层党组织的领导作用。要明确农村基层党组织的领导核心地位，充分发挥其在乡村振兴中的带头作用，改进和强化农村基层党组织的工

作，提升基层党组织服务农村和治理基层的能力。

（二）全面深化农村改革，着力解决农业农村发展不平衡不充分问题

改革开放以来，我国社会主义市场经济不断完善，工业化、城镇化水平稳步提升。但与此同时，传统农业效益不高、土地资源利用率低下、征地补偿制度不完善等问题依旧突出，严重制约了我国农业农村的发展和新时代乡村振兴战略的实施。持续推动农业农村经济发展成为我国当前不可回避的重要话题。突破乡村全面振兴的体制机制阻碍要做到三方面。一是要深入推进农业供给侧结构性改革，提高农业综合效益和竞争力。实现农产品质量化、品牌化的转型发展，不断提升农产品在市场中的竞争力，创造农民新的收入增长点。二是要深化农村土地制度改革，巩固和完善农村基本经营制度。要在长期坚持土地集体所有制的基础上，稳定农户承包权，放活土地经营权。通过“三权”分置改革，建立有效的农地流转机制和市场，满足土地有序流转和有效配置需要。鼓励和引导城市资本下乡、返乡农民工创业，盘活广大农村地区的土地资源，有效实现小农户和现代农业发展有机衔接。三是要大力发展农村集体经济。有效整合农村地区人、财、物资源，根据各地不同资源禀赋、产业优势，积极探索多元集体经济发展模式，多渠道、多途径发展壮大农村集体经济，为推动乡村产业振兴、人才振兴、文化振兴、生态振兴、组织振兴夯实根基。

（三）坚持以人民为中心的发展思想，实现城乡融合发展

消解城乡二元结构，走城乡融合发展之路是实现城乡居民共同富裕、确保乡村全面振兴的客观要求。面对我国当前依旧存在的城乡二元经济结构矛盾，破解农业农村发展不平衡不充分问题必须建构新型工农城乡关系，坚持走城乡融合发展之路，最终实现城乡融合发展。一是要推动新型工业化、信息化、城镇化、农业现代化“四化”同步发展。注重发挥工业化、信息化、城镇化进程对农业生产率、农业产业结构、农业信息化水平、农业资本积累、人力资源水平等方面的积极作用，引导工农之间、城乡之间相互促进、协同发展，打造互补能力更强、发展机制更全、融合程度更高的工农、城乡新格局，实现农业现代化水平的提升、

乡村产业链条的延展和农民生活水平的改善。二是要推动公共服务向农村延伸，提升乡村基本公共服务水平。科学编制多规合一的村庄规划，以农村居民生产生活所需的交通、饮水、物流、电信、医疗等为重点，鼓励社会各类资本以不同方式大力参与农村基础设施的投资与建设，着力补齐制约农村居民生产生活的“短板”。通过增加乡村教育资源、提升医疗服务水平、改善公共文化现状、健全乡村社会救助体系，让社会改革发展的“红利”惠及千万农民朋友，让广大农村群众对美好幸福生活更有企盼、更有信心。

（四）推动乡村治理体系和治理能力现代化

随着当前我国农村社会结构、城乡利益格局、农民思想观念的深刻变动和调整，为乡村社会带来两个方面影响：一方面，积聚起了巨大的发展活力；另一方面，也浮泛出一系列治理障碍。通过对村民会议、村民代表大会等议事载体的优化整合，打造形成农村场域民事民议、民事民办、民事民管的长效协商议事格局，切实增强村民参与解决村庄公共事务的“主人翁”意识，消解乡村社会转型发展过程中大量治理主体外流带来的自治窘境。要推进乡村法治建设，肃清各类涉农安全隐患。要在提升干部群众法治素养的同时，加快对村民选举、征地补偿、打击农村黑恶势力等重点领域涉农法律法规的修改和完善，强化法律在支持“三农”发展、化解农村社会矛盾等方面的权威地位。要提升乡村德治水平，孕育良好的乡村社会风尚。要以社会主义核心价值观为引领，开展移风易俗行动，统筹使用正向激励与负面惩戒两种手段，在强烈对比中破立并举，实现乡村德治从传统的道德说教向可见可感的道德实践飞跃，促使广大乡村地区焕发出文明新气象。

（五）加大农村人力资本投入，加快新型职业农民队伍建设

培育新型职业农民队伍关乎农村土地谁来耕种、农业农村现代化谁来承载的大问题，是推进乡村振兴战略的必然要求与重要抓手。

加大人力资本投入，加快建设新型职业农民队伍要做到三方面。一是要提升农民职业素养，培育“爱农业”的新型职业农民队伍。通过持续的思想教育引

导，增强农民的农业发展主体观念，实现对农民身份的认同感、农业工作的亲近感和农村环境的归属感。二是要提高农民职业技能，建设“懂技术”的新型职业农民队伍。农民懂技术不仅是实现农业农村现代化的必然要求，更是推进农民职业化发展的形势所需。要在加大农村教育经费投入力度的基础上，紧密联系农业农村发展实际，建立政府、农业学校、社会培训机构及农场企业“四位一体”的职业培训体系，打通培育高素质、技能化劳动力的重要通道。三是要增强农民经营能力，发展“善经营”的新型职业农民队伍。农业规模化生产的大趋势强化了对农民经营能力的诉求。应鼓励广大农业经营主体将其现有的经营管理知识与市场经营理论有机结合，增强其抵御风险、适应竞争、乐于经营的意识和能力。

第二节　大学生参与乡村振兴战略的必要性及意愿因素

一、大学生参与乡村振兴战略的必要性及原因

（一）农村大学生参与乡村振兴战略的必要性

新时代我国社会主要矛盾所表现出的不平衡、不充分的发展，仍集中体现在我国农业农村，特别是中西部地区，基础设施差、家底薄弱、发展相对滞后是客观现实。制约巩固脱贫攻坚成果和推动经济社会全面发展的明显短板仍然在“三农”，实现社会主义现代化建设最薄弱的环节仍然是农业农村，实现中华民族伟大复兴的“硬骨头”“大难题”依然是农业农村。主要表现在：农村三大产业之间结构比例失调及融合水平较低，已发展的乡村产业存在严重同质，实施“一村一品”忽视客观实际，产业项目带动致富后劲不足，农民整体人均年收入还比较低，农民市民化脚步仍快于返乡建设乡村的步伐，乡村人口单向流动至城市比重仍然较大，城乡各类要素流动呈现单一流动尚未明显转变，乡村各类实用人才缺乏的局面尚未得到有效改变，农村空心化、老龄化现象没有根本转变，乡土文化

物质实体与意识观念传承主体缺乏，乡村生态环境问题突出与坚持系统的生态工程思维尚未树立，农村公共基础设施与农村民生领域的短板依然明显，共同繁荣的新型工农城乡关系作用发挥成效尚待时日，金融、科技、人力、市场等要素助农、惠农的改革路径尚处探索阶段，符合实际的乡村基层治理体系和能力亟待强化，不同类型的乡村基层组织治理效能低下，传统的基层组织难以应对“自治、法治、德治”的治理要求等诸多问题。另外，从农村大学生自身来看，人才是经济发展和社会进步的重要人力资本，全面实施乡村振兴战略需要依靠人才的智力支撑。随着 20 多年的科教兴国战略、高职院校扩招、人才强国战略、高考农村专项计划、退伍军人入学、农民工入学等政策竞相发力，农家子弟进入高职院校的机会早已不是当年过“独木桥”“跃龙门”的景象。高职院校毕业生的就业选择空间呈现多元化，但随之也面临着较大的就业压力，市场化的双向择优选择，所学专业不能及时致以所用，城市中的“体面”工作并没有比乡村就业更体面，勉强养活自己的收入，时刻在岗以换取城市打拼中的“福报”。农村大学生在面临择业时，体现出他们的时代特征，就业观开始多了一份理性，在兼顾获得相关待遇之后更加关注实现自身的社会价值与个人价值的有机融合。一边是汇入拥挤且盲目的城市，另一边是广阔天地亟待反哺的乡村，从乡土走来的农村大学生在择业时将受到这份理性的影响，认为全身心地投入到全面实施乡村振兴战略的伟大征程中，更能够实现人生价值，可以按照“五个振兴”的目标要求，继续优选发展“一村一品”的特色乡村产业巩固农村脱贫攻坚成果；依靠农村大学生自身的奋斗为乡村发展带来新鲜活力，逐渐引领更多的大学生、退伍军人、农民工、新型农业经营主体、新乡贤等群体返乡，为全面实施乡村振兴战略提供更多的人才支撑；弘扬社会主旋律，自觉带头践行社会主义核心价值观，深入挖掘反映新时代乡土文化传承的物质实体与精神风貌，实现乡村文化内涵式发展；建设美丽乡村，打造生态宜居的幸福村落，离不开农村大学生带领村民深入践行绿水青山就是金山银山的生态文明观，实现绿水青山变金山银山的有机转换；农村大学生参与乡村振兴战略对于提升乡村基层治理效能，实现乡村自治法治德治有机融合具有重要的作用。

时代课题要求全面实施乡村振兴战略。同时，在新时代背景下农村大学生不再局限于追求传统一般意义上的成功人生路径。而是更注重如何实现个人的社会价值与自我价值的有机统一。农村大学生在参与乡村振兴战略中，通过实践的历练从不成熟到渐渐成熟、从没有经验到有较多的经验，不断提升自身的综合能力素养，实事求是地发展“一村一品”三大产业工程，使村民齐致富、乡村生态环境好起来与生态文明观念立起来、新时代乡土文化活起来、乡村振兴人才多起来、乡村基层治理活力显出来。至此，农村大学生在乡村这片广阔的天地找到并且实现着自身的价值。

（二）农村大学生返乡的宏观动因分析

现实社会中的人总是有意或无意地受到外在价值的影响。乡土中国曾是我们这个国家的长期主题，返乡去、到广阔天地大有作为、乡土复员等价值理念引领拨动着农村大学生的心弦，乡村生活给农村大学生留下深刻的烙印，并逐渐塑造出农村大学生走出乡土、反哺乡土、回归乡土的乡土伦理。同时，全面推进乡村振兴是建设现代化国家的战略性、全局性的历史重任。在此背景下，社会公众对于农村大学生去振兴曾经的故土也表现出高度的关心和支持。

1. 国家宏观的价值导向与政策引导

我国自古以来就是一个拥有历史悠久的农耕文明的国度，以农业生产为基础是我国最基本的特征之一。党一直非常重视“三农”问题的发展与解决，随着全面推进乡村振兴战略，国家宏观层面也对适宜返乡的人才喊出“回乡去”“重农固本，是安民之基”的时代强音。“回乡去”到广阔的天地去大显身手也有其经典的内涵，实质是包含乡村本土价值而又汲取现代文明的读书人，在认同上能够以乡村为归依，在知识技能上通晓现代知识或技术。因此，随着宏观价值导向与乡村本土价值观念的人才内涵不断丰富和发展，为农村大学生返乡提供了充实的价值引领，促使着一批又一批的农村大学生在人生面临抉择时义无反顾地踏上“返乡之路”。

现行关于大学生返乡就业的国家政策中，虽然政策体系上并未明确区分返乡大学生是农村大学生还是城镇大学生，但是，从全面实施乡村振兴战略的实际来看，乡村社会想获得长效的发展，需要的是能长久立足于乡村，干事谋事的人才，并且从政策的落脚实践层面来看，现行政策更适合于农村籍大学生。各级政府在政策引导和实施路径上不断加大支持力度，这无疑为农村大学生返乡提供了强有力的政策保障，吃了定心丸。这些政策一方面使农村大学生明晰了就业方向和具体着力点，另一方面增强了农村大学生返乡的热情。同时树立参与乡村振兴战略是新时代青年投身到伟大时代建功立业的新风尚这一价值标准，对于拉动农村大学生参与乡村振兴战略具有重要的价值意义。因此政策引导是吸引农村大学生参与乡村振兴战略的重要因素。

2. 社会公众的价值认可与社会支持

乡村承载着国人的“田园梦”，无数优秀的农家子弟从乡村出发，他们通过求学、经商、参军、务工等途径走出乡村，在各行各业建功立业，实现人生历程的嬗变。随着突出的国家宏观价值导向不断强化振兴乡村，公共政策水平更具实效性、针对性，为了改善乡村现状，在全面实施乡村振兴战略的浪潮中，涌现出一大批以农村大学生为主体的“最美乡村教师”“最美第一书记”“最美大学生村官”等群体，他们积极奉献才智，不辞劳苦。对这些义无反顾踏上返乡之路的年轻大学生，党和国家曾多次对扎根乡村、奉献乡村的一批青年才俊给予高度评价和嘉奖，号召向其学习，同时大批媒体对他们的先进事迹进行深入报道，使其事迹深入人心、广为流传。

乡村振兴战略是一个系统长期的工程，绝不能孤立来抓，需要社会形成合力，才能更好地促进乡村实现长效的发展。在具体的实践中，诸多关心乡村发展，热爱乡土的社会公众，在农村大学生助推实现乡村振兴的五大总要求过程中存在困难时，社会公众给予积极的支持和帮助，一方面强化了农村大学生在心理上继续奋斗的热情；另一方面也为农村大学生在乡村振兴实践中提供了切实有效的帮助。

二、乡村振兴背景下大学生返乡创业意愿影响因素分析

（一）家庭环境

家庭环境是影响大学生返乡创业意愿的关键因素之一。来自农村的大学生通

常有更亲近乡村的感觉，常常受到父母家人的期望和影响。如果家庭环境积极鼓励大学生返乡创业，提供更多的信息和资源支持，那么大学生返乡创业的意愿就会增强。另外，如果农村家庭缺乏启发性的经历或成功的案例，大学生可能会选择在城市就业，甚至选择不考虑农村就业或创业。

（二）教育背景

教育背景是影响大学生返乡创业意愿的另一个重要因素。受教育水平越高的大学生通常具有更强的目标意识，更容易找到切实可行的创业机会。教育对于个人的职业规划和人生道路选择的影响是重要的，在很大程度上影响大学生创业和就业的选择。

（三）社会支持

社会支持是推动大学生返乡创业的主要动力。大学生作为创业群体，需要获得社会支持进行资源整合和提高创业准备阶段的技能。社会支持可以帮助大学生了解市场、了解乡村经济、了解政策态势，还可以为大学生提供资金支持、人脉等方面的支持，增强大学生创业的能力和信心。

（四）决策意愿

大学生的决策意愿是从个人的信仰、价值观、性格、创业意愿等方面影响的。拥有强烈的创业意愿和决策意愿的大学生通常更容易到农村开展创业工作，实现自己的创业梦想。

（五）就业选择

与大学生的决策意愿相似，大学生就业选择也是影响大学生返乡创业意愿的重要因素。如果大学生在城市就业获得了认可和成功，可能会选择继续留在城市，而不考虑返乡创业。然而对于认为农村有更多的创业和发展机会，具有更多自主性、更有意义的事业发展之路的大学生来说，返乡创业是一个明显的选择。

（六）政策扶持

政府的扶持政策对于大学生返乡创业意愿的发展影响是不可忽略的。政府工作重心的转移，表明了政府要把关注点移向乡村经济建设。对于大学生返乡创业而言，政府应该营造良好的制度环境、完善的配套政策，对于符合条件的大学生提供资金、场地、税收、贷款等方面的扶持，使大学生依托政府扶持更好地推进乡村振兴。

（七）就业机会

大学生返乡创业的意愿也受到就业机会和就业压力的影响。如果在农村缺乏合适的就业机会，那么大学生可能会选择留在城市就业。然而，如果创业成功，可以带动更多的就业机会和经济收入。

（八）经济安全

经济安全也是影响大学生返乡创业意愿的因素之一。大学生需要考虑自己作为返乡创业者的经济状况和刚性支出。如果大学生拥有足够的经济能力和经济安全感，将更有可能考虑返乡创业。

第三节　乡村振兴战略背景下大学生返乡创业的社会支持

一、优化大学毕业生返乡创业的政府支持

国家发展战略尤其是乡村振兴战略的提出对大学毕业生返乡入乡创业具有积极影响，双创战略、精准扶贫战略及美丽乡村建设等都为大学毕业生返乡创业就业提供了新的机遇与思路，也为我国农业农村的发展输入了高质量的创新型人才，一系列的政府政策支持为推动我国乡村经济及大学毕业生创业的发展提供了

巨大的源动力。然而，现存的国家返乡创业政策仍然存在一定的问题与缺口，为了更好地解读国家政策，充分利用政策资源，提升政策支持的利用率，以此促进和推动大学生返乡创业事业的发展，围绕以下三个方面提出政府修整创业扶持政策的方案，致力于优化政府支持，即政策的供给质量、政策的宣传力度及政策的落实效果。

（一）提高创业扶持政策供给质量

乡村振兴战略总要求对“产业兴旺、生态宜居、乡风文明、治理有效、生活富裕”五个方面，提出了20字总要求，短短20个字涵括了国家对乡村振兴提出了希望与期待，而政府作为乡村振兴战略实施的直接实施者和落实者在政策制定方面既要满足乡村振兴战略要求又要符合大学毕业生返乡创业的实际需要。为了提高政策制度质量与有效性，须从以下两个方面入手。

第一，因地制定相关政策，降低大学生返乡创业风险。中国国土之大，地域之广导致我国不同地区的农业农村自然资源、现实状况及商业发展的路径都大不相同，南北农业农村更是有“天壤之别”，因此各地区政府应该因地制宜地制定大学生返乡创业的扶持政策，而不是笼统地统一画线，应当适应不同地区大学生返乡创业的现实需要，加大农业农村地区的实地考察与调研，充分了解当地的民生民情民意，与“三农”政策有机结合，制定适应大学毕业生返乡创业需求的、有效的创业扶持政策。

第二，创建多种创业扶持模式，扩展大学毕业生返乡创业业务。中国农业农村地区具有得天独厚的物质与非物质资源，政府部门应该有效利用“互联网+”“旅游+”“生态+”等模式，将农林业、旅游业、文化产业及养殖业等产业深度融合，扩大高职毕业生返乡创业的项目选择，积极支持引导大学毕业生合理利用农业农村的经济文化价值、旅游文化价值融入当地的产业规划路线，将发展农业农村与发展积极有机结合，为大学毕业生提供更多选择和创造更多机遇，积极吸引市场营销、经济管理、农业技术等专门技术人才投入乡村振兴的发展战略中。

（二）加大返乡创业政策宣传力度

第一，合理利用“互联网+”模式。农业农村地区乡镇政府应当积极引进互联网人才，合理利用“互联网+”模式为返乡创业政策做推广与宣传，让更多农村人民及大学毕业生群体了解返乡创业政策、返乡创业优惠，吸引更多大学毕业生加入创业团体。例如，微信公众号的政策专栏每日推送，合理利用政府网上平台，建立创业专栏，及时发布创业政策，更新创业信息。

第二，建立政府专职部门问访机制。政府可以建立专职创业部门，定期定时对农业农村地区进行走访宣传，既可以加大广大农村百姓对返乡创业政策的了解，也能够帮助群众积极支持大学毕业生返乡创业，夯实群众基础，改变传统返乡的思想和就业偏见，改善农业农村创业思想环境，提高群众对政策的了解、理解与支持，加深群众对政府的信任感和满意度。同时建立专门的行政部门定时开展政策分析讲座，以及帮助创业者解决创业政策问题，有针对性地对不同类型创业者提供更加可靠的创业政策扶持。

（三）简化创业申请审批程序步骤

由于大学毕业生返乡创业项目的特殊性，一些从事农业、林业及养殖业的农村创业项目非常具有时效性，例如农产品种植业及渔业等都有明显的丰收期和种植期，过于烦琐及等待时间较长的申请程序很有可能导致创业者失去创业时机，创业扶持政策也就成为一纸空谈，没有任何意义和实际上的帮扶效果。

第一，开展网上自助申请模式。返乡创业大学毕业生不必奔波于各个政府部门之间，而是在网上进行自助申请，将所需材料通过扫描下载上传等方式一一上交，再由专门的行政机构及时审核，减少申请过程中不必要的排队等待或资料不全造成的时间成本损耗。

第二，建立返乡创业大学毕业生扶持申请快捷通道。将返乡创业大学毕业生、返乡创业农民工及退伍军人的创业扶持申请分开，建立专门为大学毕业生准备的返乡创业申请快捷通道，再针对其特殊性建立政策帮扶及申请指导，建立快捷有效的办事窗口。

（四）协调组织创业职能部门合作

“乡村振兴”战略背景下，农业农村厅、商务厅和银监局等职能部门也分别出台相关具体政策，形成大学生返乡创业的政策支撑体系。但是各职能部门之间的交流沟通较少，各司其职、各为所政的现象比较严重。由于不同部门之间只能负责该部门所负责的事项，难免会导致不同职能部门之间业务不熟悉，创业者在申请过程中出现疑难问题不知向何处问询，各职能部门也会相互推诿，因此建立健全有效的职能协作非常必要。

第一，建立乡村政务服务中心。政务服务中心在城市的推广度高，运行得比较成熟，而对于乡村而言，政务服务中心推广度还不够，政务服务中心即由地方政府举办，集中办理本级政府权限范围内的行政许可事项和服务项目、集信息与咨询、管理与协调、投诉与监督于一身的综合性行政服务机构。帮助创业者集中在同一地区享受办理一站式政务服务体验，既能沟通各部门之间的相互协作，也能节省政府与创业者的时间成本，提高办事效率。

第二，开展乡村政务服务人员培训活动。时代在更新，科技在进步，每年的国家政策及重点项目都在改变，国家行政部门办事人员不能够停滞不前，要及时学习进步跟上步伐。定时开展国家行政人员的培训工作，有利于提高各职能部门之间相互协作的能力，在培训期间可以对不同部门的共同业务或相关业务进行集中培训，即使不处于该部门也十分清楚该部门的业务工作，这样创业者在问询过程中行政人员就能够更加清晰准确地解答创业者的疑问和困难。

二、优化大学毕业生返乡创业的学校支持

（一）健全高职院校返乡创业教育体系

建立健全高职院校返乡创业体系，将农学专业与创业教育课程相结合，有针对性地为大学生构建有效、科学的返乡创业教育体系，让创业课程不再浮于表面，不再只是形式主义的创业教育。

第一，高职院校要树立返乡创业教育意识。返乡创业与其他创业不同，具有一定的特殊性，高职院校要根据现实需要有选择性地开设创业教育课程。对于有意向返乡创业的大学生，在创业课程当中加入农学课程，例如农作物的生长、家禽的养殖、家畜的养殖等相关的专业知识。将返乡创业教育作为一门正式课程投

入教育教学、教学评价及教育考核当中。

第二，培养大学生的农村情怀。不仅仅是农村籍大学生，对于城镇大学生，高职院校有责任与义务培养大学生的农业农村情怀。我国是农业大国，农业出口是国民经济的重要部分，改变大学生对农村落后、偏僻及经济萧条的错误认识和偏见，展现我国新农村的精神面貌，让大学生了解农村，走进农村，感受农村，热爱农村，才能从根本上吸纳更多有志青年加入农业农村创业建设当中。

第三，建立返乡创业教学管理和课程体系。目前高职院校创业教育课程多为选修课程或通识课程，高职院校教学管理应当改变创业教育模式，将创业教育纳入必修课程体系，要求每个大学生都具备一定的创业基础知识。同时，返乡创业课程应适当地与学科课程例如心理学、经济学及管理学等课程融合，开设全新的综合课程体系。此外，返乡创业课程还应该与“三农”课程相结合，帮助大学生了解农业农村专业知识与最新动向，寻找创业机遇和创业切入点。

第四，建立专业创业教师队伍。高职院校应积极招聘创业教育人才，完整拓展本校创业教师队伍，整合校外兼职教师队伍，内外合作，共同完成高职院校创业教育任务。在高职院校资源不足的情况下，可以培养一批自己的创业教育人才，例如将创业教育与辅导员教育相结合，创业教育融入导师制，培养多元化全方位的多功能型人才，创新性地发展“创业教师+辅导员”“创业教师+导师”“创业教育+农学教师”“创业教育+经济学教师”等新兴模式，实行一对一指导或一对多指导，提供一站式、一体化的创业教育服务。

（二）加大返乡创业信息推广力度

高职院校与“互联网+”模式相结合，通过“互联网+”大赛、创新创业大赛等模式，将大学生返乡创业的信息推广出去，加大返乡创业信息的推广力度，拓宽返乡创业的信息渠道。除去在课堂上对乡村振兴进行推广，学校团委等学工组织可以定期在学校官方网站、官方微博、官方微信公众号等社交平台上定期发布创业信息和农业农村信息。定期开展有关“三农”问题的讲座，提升学生的使命感、责任感和问题意识，民生问题绝不仅仅是国家的问题，更是每一位学子应该面对的问题，提升信息的宣传力度，拓宽信息的宣传路径，打通学校与社会问题的界限，不再只在象牙塔里学习知识，更应该将返乡创业的实际问题落到实处。

（三）加强高职院校与企业之间合作力度

加强校企合作力度，有助于为高职院校提供更多的创业基金与创业资源。高职院校自身体系下资源和能力都有限，高职院校教师任务繁重，凭高职院校一己之力办不好人民满意的教育，高职院校需要依靠社会力量为其援助。大力发展大学生创新创业孵化基地，大力创办大学生创业实践比赛，积极邀请优秀企业入校指导大学生创业，将返乡创业作为创业教育的特色课程，与从事农业、林业、渔业或养殖业的企业积极大力合作，为返乡创业大学生提供专业农学实践课程，交流创业实践经验，为返乡创业大学生提供农业农村基金，积极支持返乡创业大学生进行创业活动，给初次创业的大学生试错的机会与成本，为返乡创业大学生提供后方保护，鼓舞士气，积累经验。

（四）提高返乡创业组织活动频率

高职院校要积极为大学生返乡创业提供有效、可靠、形式多样的实践教育，让有意愿返乡创业的大学生在高职院校预先进行项目的孵化和规范企业运作，以便能更好地提升自身的创业技能。

第一，高职院校应积极与企业和政府合作，在高职院校内部及外部建立“一体化”的创业孵化基地或者创业基地，为准备返乡创业的学生提供必要的支持和服务；第二，学校要积极与政府合作，全面了解国家返乡创业政策，号召学生广泛参与国家和各级机构举办的各种创新创业大赛及相关的创业活动，锻炼学生在创业实践和竞争过程中的创业能力，丰富学生的创业知识和技能，提升学生的综合能力；第三，为学生创造校外实践经验，例如与校外创业孵化基地或企业联合发展，创设真实创业环境；第四，为有创业意愿的大学生联系实习单位，提前了解企业运作模式，如固定与高职院校合作的单位或企业；第五，发挥社团或者学生组织在大学生中的带头作用，支持和引导学生创建创业相关学生组织，组建学生创业群体，锻炼学生的管理与领导能力，以此激发学生的创业热情。

三、优化大学毕业生返乡创业的家庭支持

每个人都处于家庭环境当中，家庭教育观念、思想观念及创业观念对大学生的创业意愿、创业选择和创业理念都会产生很大的影响。拥有家庭的支持，创业者在心理和物质上都会得到较好的支持，而不和谐的家庭氛围往往会导致大学毕业生返乡创业的失败，本节希望通过对广大社会家庭给出合理的意见与建议，呼吁和号召创业者家庭改变传统的就业观念，给予大学毕业生返乡创业在主观及客观上不同程度的支持。

（一）改变家庭返乡创业观念

家庭创业观念往往受大环境创业理念影响，而社会大环境当中职业选择倾向又受到职业福利待遇的影响，因此要想改变家庭返乡创业观念，首先要改变社会大环境，提高农业农村生产的收入总值，提升农业农村的社会地位，才能够从根本上改变传统家庭的返乡创业观念。

第一，政府要营造健康创业氛围，创建返乡创业文化环境。弘扬创新创业文化精神，依靠公众舆论力量，网络平台在创业文化建设中要发挥重要作用，利用社交媒体宣传返乡创业的积极案例，塑造返乡创业大学毕业生的典型人物，政府要建立回乡创业的良好机制和制度，积极支持大学毕业生返乡创业，宣传和营造回乡创业的良好氛围，有效宣传创业政策，做好创业政策解读服务工作。

第二，父母要提升自身知识储备，了解社会时事。返乡创业大学毕业生，大都来自农村地区，部分父母的思想观念及知识储备都不足，在大环境的影响下，容易随波逐流，认为子女接受高等教育就是为了能够留在城市，只要留在城市就是有出息的表现。然而，当今社会发展迅速，城乡差距逐渐缩短，不管是城市还是农村都存在很大的商机，父母应当多了解时势，增加自身的知识储备和见识，拓宽眼界，增长见识，了解如今社会的情况，紧跟国家的政策与步伐，不要只看眼前的利益，眼光要放长远，理解返乡创业的前景和价值。

（二）提升创业家庭情感支持

家庭关系是社会关系中有别于其他关系的特殊存在，由血缘和亲缘或婚姻关

系为纽带联系在一起，家庭情感支持是返乡创业大学生最能够直观感受到的情感支持，同时家庭情感支持对于大学毕业生而言也是至关重要的，能够直接影响创业者的自信心、斗志及创业韧性。有效的家庭情感支持包括家庭精神支持和情感调适。第一，家庭成员在大学毕业生返乡创业过程中不能对创业者增加太多心理负担，例如要求创业者创业初期就见到创业成效和经济效益，要明白创业是一场持久仗，创业家庭要给予创业者足够的关心和支持，帮助创业者渡过创业难关。第二，家庭成员应该给予创业者足够的关爱和安抚。在创业者创业过程中足够的关心和爱护能够促进创业者的自我满足感，增强自信心和创业动力，在精神上强大创业信念，提升创业成功率。

（三）建立多元化的融资渠道

学生创业融资时第一考虑的就是创业起始金的筹措，而创业起始金的大部分通常需要个人日常积累的本金，以及寻求父母、亲朋好友等关系的支持，靠私人关系有利有弊，好处是能够快速筹集创业所需的起始金，但是由于受父母、亲朋好友及自身财富积累的有限性影响，大学生能够筹集到的创业起始金数量有限。因此，关键的是尽快形成一个多元化的融资渠道。同时大学毕业生在创业过程中要拓宽思维，开放眼界，不能仅仅将融资渠道着眼于父母家庭的资金支持，应当合理利用人力资源，寻求各方面的支持，例如政府的支援政策、高职院校的创业扶持及社会组织的投资项目等。

四、优化大学毕业生返乡创业的社会组织支持

乡村振兴战略背景下，公私合营的市场经济体制下，社会组织是挑起农业农村经济发展重担的重要环节，社会组织对乡村经济的支援与投资是乡村经济发展的重要资金来源，同样大学生返乡创业也非常需要各界社会组织伸出援助之手。武汉市部分优秀企业、个体户、商店等社会组织表示，在保持自身产业稳步发展的同时，会积极履行社会义务，践行个人和团体的社会责任。为了增强大学毕业生返乡创业竞争力和整体能力，降低社会就业压力，在社会组织、高职院校、政府及家庭多方力量的共同推动下为大学毕业生返乡创业保驾护航，给予大学毕业

生创业平台和资金上的帮助，并进一步给予其有力的资金扶持和实用的就业技能培训，以及更多的创业实习实训的机会，为建设乡村创业文化和构建和谐社会而共同努力。具体还须做到以下三点。

（一）加大社会组织资金投入

社会组织由于自身盈利性质的原因，多数社会组织对大学毕业生返乡创业项目没有足够的信心，因此在风险投资方面比较保守，然而，农村经济要发展就需要依靠一大批返乡创业的有志青年的激情投入，而这部分青年没有足够的启动资金就没办法全身心投入到创业过程当中。因此，社会组织应当加大对返乡创业大学毕业生的创业资金投入。

首先，降低返乡创业大学毕业生的创业融资门槛。作为社会组织有责任也有义务为新兴产业提供资金支持，然而过高的融资门槛让很多有前景、有价值的返乡创业项目得不到及时的资金支持，因此，社会组织可以适当降低大学毕业生返乡创业的专项融资门槛，对该群体设置返乡创业基金，专项投入于“三农”产业。

其次，加大创业项目基金投入。加大社会组织对返乡创业的专项投资资金投入，利用风险投资、天使投资及公益性资金补助等形式加大返乡创业投资力度。社会组织不仅仅可以为大学毕业生返乡创业提供资金支持，还可以为创业者提供人脉及创业指导。

（二）积极组织参与创业活动

社会组织与学校及政府联合建设的创新创业孵化基地，以及举办的创新创业大赛等创业活动都能够有效支持返乡创业者提高创业技能水平，积累返乡创业经验。同时，社会组织可以建设返乡创业专项创业大赛或创业孵化基地，专门为返乡创业大学毕业生中与农业、林业、种植业或养殖业等相关的创业项目提供创业实践支持，开展类型多样的创业活动，例如农产品知识大赛、营销策略大赛等，将创业比赛与乡村振兴战略相结合，打造独具农业农村特色的返乡创业活动，提高社会知名度，吸引创业人才投入，打造积极健康的农业农村创业环境。

（三）提升创业培训课程质量

我国当前已建立起体系完备的创业孵化基地，在国家与各级政府的共同努力下，全国各地已建立起不同规模的创业基地、创业孵化器及创业示范中心等创业服务平台，提供示范、实验、服务、培训及运营等综合性服务。社会组织应当积极与政府和学校合作，开展创业培训活动，提高创业培训课程的质量。

首先，改变开设创业培训课程的观念。社会组织开展的创业培训课程应当是以服务、发展和培养为宗旨，而不是宣传本产业。树立正确的核心价值观，全心全意地为返乡创业大学毕业生提供创业培训服务。

其次，丰富创业培训课程的模式。传统社会组织创业培训课程，与高职院校结合提供创业培训师资队伍，与政府结合开办创业培训专题座谈会，以及创业讲座等形式。社会组织可以将创业培训课程与农业农村业务结合起来，丰富创业培训课程模式，以“农业+经济”“农业+管理”“农业+销售”等模式执行创业培训课程实施，提高创业培训课程质量。

参考文献

［1］温和瑞，邱鑫．创新创业教育理论与实践［M］．北京：清华大学出版社，2023.

［2］周启良．创新创业教育理论与实践［M］．西安：西安电子科学技术大学出版社，2023.

［3］陈秀双．就业指导与创新创业教育［M］．北京：人民邮电出版社，2023.

［4］潘彦，马念，朱思．大学生创新创业教育［M］．成都：电子科学技术大学出版社，2023.

［5］李艾颖，朱琨．高职教育管理路径及实践策略研究［M］．长春：吉林人民出版社，2023.

［6］颜丽．大学生职业生涯规划与创新创业教育研究［M］．天津：天津科学技术出版社，2023.

［7］徐自远．专创融合职业学校创新人才培育理论与实务［M］．北京：北京理工大学出版社，2023.

［8］饶和平，胡高波．高职教育双高建设策略与路径研究分析［M］．杭州：浙江工商大学出版社，2023.

［9］张利海．新形势下高职院校教育管理创新研究［M］．北京：中国商业出版社，2023.

［10］王永钊，程扬．职业院校专创融合教育探索与实践［M］．北京：中国商务出版社，2023.

［11］韩光．基于“互联网+”视阈的大学生创新创业教育研究［M］．北京：北京工业大学出版社，2023.

［12］马少华，郭彦鹏．大学生创新创业教育［M］．北京：中国书籍出版社，2023.

[13] 涂晓洁. 创新创业教育融入思想政治教学策略研究 [M]. 北京：东方出版社，2023.

[14] 陈雨，许萍. 创新创业教育与实践 [M]. 北京：人民邮电出版社，2023.

[15] 刘鲲. 高职院校创新创业教育探索 [M]. 北京：旅游教育出版社，2022.

[16] 肖霞. 高职教育服务中国特色乡村振兴战略研究 [M]. 天津：天津科学技术出版社，2022.

[17] 张秦. 大数据与高职教育的融合发展研究 [M]. 长春：吉林大学出版社，2022.

[18] 彭翔. 创新创业教育基础与实战技巧 [M]. 重庆：重庆大学出版社，2022.

[19] 李洁，岳光耀. 高职教育管理理论与实践探索 [M]. 长春：吉林人民出版社，2022.

[20] 申宁. 高职教育现代学徒制研究与实践 [M]. 北京：中国商业出版社，2022.

[21] 常涛，徐晖. 高职院校专创深度融合创新实践 [M]. 北京：中国纺织出版社，2022.

[22] 马永霞. 创新创业教育 [M]. 北京：北京理工大学出版社，2022.

[23] 王全利. 创新创业教育与实践 [M]. 北京：中国纺织出版社，2022.

[24] 曲海洲，徐莉君. 创新创业教育专创融合教育与实践 [M]. 北京：机械工业出版社，2022.

[25] 李艳. 高职教育的技术知识生产路径研究 [M]. 上海：上海交通大学出版社，2021.

[26] 柳韶军，韩建伟. 创新创业教育 [M]. 西安：西安电子科学技术大学出版社，2021.

[27] 韩丹. 高职教育服务区域经济发展评价指标体系的建构研究 [M]. 北京：中国纺织出版社，2021.

[28] 陈勇，王海利. 项目主导专创融合的教育实践与探索 [M]. 沈阳：沈阳出版社，2021.

[29] 武文. 高职教育改革探索中嬗变 [M]. 北京：光明日报出版社，2021.